Matthias Claudius

Asmus omnia sua secum portans

Sämtliche Werke des Wandsbecker Boten

Matthias Claudius

Asmus omnia sua secum portans
Sämtliche Werke des Wandsbecker Boten

ISBN/EAN: 9783743653535

Hergestellt in Europa, USA, Kanada, Australien, Japan

Cover: Foto ©Thomas Meinert / pixelio.de

Weitere Bücher finden Sie auf **www.hansebooks.com**

ASMUS omnia sua SECUM portans,

oder

Sämmtliche Werke

des

Wandsbecker Bothen,

Erster und zweyter Theil.

Wandsbeck,

beym Verfasser.

1774.

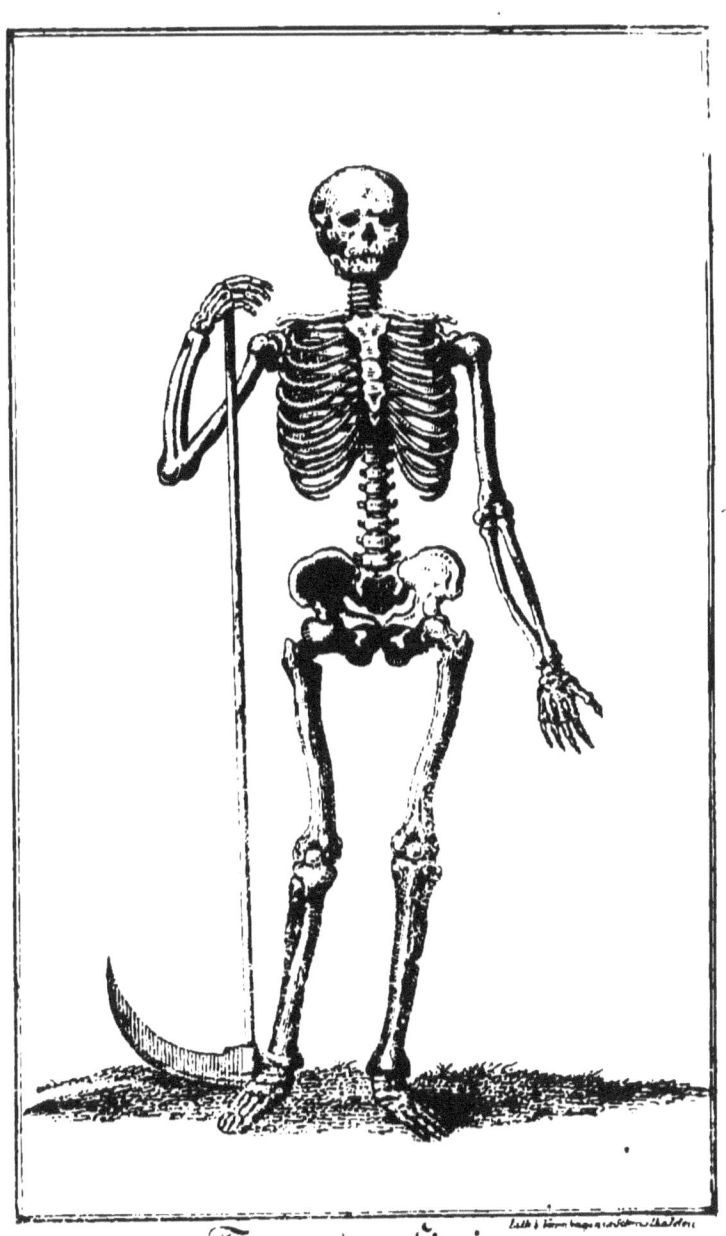

Freund Hain.

Subscriptions-Anzeige.

Ich will meine Werke auch sammlen und h'rausgeben. Es hat mich zwar, wie sonst wohl zu geschehen pflegt, kein Mensch d'rum gebeten, und ich weiß besser als irgend ein geneigter Leser, wie wenig d'ran verlohren wäre wenn meine Werke so unbekannt blieben als ich selbst bin, aber 's ist doch so artig mit dem Subscribiren und H'rausgeben, und so eine Freud und Ehre für mich und meine alte Muhme; ist auch ja's Menschen sein freyer Wille, ob er subscribiren will oder nicht. Will sie also h'rausgeben, unter dem Titel: »Asmus, omnia sua secum portans, oder sämmtliche Werke des Wandsbecker Bothen.« Dieser secum portans wird bestehen, aus Gedichten, einigen Briefen, und andern Prosaischen Stücken, welche letztere zum Theil mein einfältiges Urtheil über ein und andres Buch enthalten; er wird in allem zwischen 15 und 20 Bogen betragen; auf feinem schönen Papier in klein 8. gedruckt, und mit wenigstens 1 schönem Kupfer aufgeschmückt seyn. Der Preis ist 2 Mark schweer Geld, und für die Herren Critiker und Journalisten 2c. 3 Mark. Man kann prenumeriren oder subscribiren, wie einer will, bis Weynachten; und Ostern soll's Buch kommen. Da ich nicht absehn kann, zu was Nutzen die Namen der Herren Subscribenten vor so einem Buch wie meins vorgedruckt werden sollten, so werd' ich sie hübsch in Petto behalten, es sey denn daß jemand ausdrücklich anders begehrt. Ich war erst willens, alle Herren Subscribenten voran in Kupfer stechen zu lassen; man hat mir aber gesagt, daß dergl. seine Unbequemlichkeiten hat, und so hab ich's wieder aufgegeben. Da ich nicht dreist genug bin, die H. H. Gelehrten mit Annehmung der Subscription zu incomm'diren, so ersuche ich alle Bothen, wes Alters, Statur und Religion sie seyn mögen, und sonst jeden der Lust hat, Subscription anzunehmen, und zu Neujahr grade nach Wandsbeck an mich einzusenden, mit der Clausel seitwärts auf dem Briefe: »abzugeben in Hamburg bey Herrn Bode am Holzdamm.« Ich bin ihnen zu allem, was Sitte im Lande ist, gerne erböthig. Ich selbst nehme auch Subscription an, und in Hamburg nimmt Herr Bode am Holzdamm an. Schließlich wissen die geneigten Leser aus dem Göttinger Musen-Almanach, wo ich mir manchmahl auch einen andern Namen gebe, und sonderlich aus dem Wandsbecker Bothen, was sie zu erwarten haben, und ich bin unschuldig, wenn einer subscribirte und hernach nicht zufrieden ist.

Den 8ten November, 1774.

Asmus, pro tempore
Bothe in Wandsbeck.

(Nro. 179 des Deutschen sonst Wandsbecker Bothen vom Jahr 1774.)

Erklärung der Kupfer und Zeichen.

Das erste Kupfer ist **Freund Hain.** Ihm dedicir ich mein Buch, und Er soll als Schutz=heiliger und Hausgott vorn an der Hausthüre des Buchs stehen.

Dedication.

Ich habe die Ehr Ihren Herrn Bruder zu kennen, und er ist mein guter Freund und Gön=ner. Hätt' auch wohl noch andre Abreße an Sie; ich denk' aber, man geht am besten grade zu. Sie sind nicht für Abressen, und pflegen ja nicht viele Complimente zu machen.

'S soll Leute geben, heißen starke Geister, die sich in ihrem Leben den Hain nichts anfechten laßen, und hinter seinem Rücken wohl gar über ihn und seine dünnen Beine spotten. Bin nicht starker Geist; 's läuft mir, die Wahrheit zu sagen, jedesmahl kalt über'n Rücken wenn ich Sie ansehe. Und doch will ich glauben, daß Sie 'n guter Mann sind wenn man Sie genug

kennt; und doch ist's mir als hätt' ich eine Art
Heimweh und Muht zu Dir, Du alter **Ruprecht
Pförtner**! daß Du auch einmahl kommen wirst,
meinen Schmachtriemen aufzulösen, und
mich auf beßre Zeiten sicher an Ort und Stelle
zur Ruhe hinzulegen.

Ich hab da'n Büchel geschrieben, und bring's
Ihnen her. Sind Gedichte und Prosa. Weiß
nicht, ob Sie 'n Liebhaber von Gedichten sind;
sollt's aber kaum denken, da Sie überhaupt kei=
nen Spaß verstehen, und die Zeiten vorbey seyn
sollen wo Gedichte mehr waren. Einiges im
Büchel soll Ihnen, hoff' ich, nicht ganz mißfal=
len; das meiste ist Einfaßung und kleines Spiele=
werk: machen Sie mit was Sie wollen.

Die Hand, lieber **Hain**! und, wenn Ihr
'nmahl kommt, fallt mir und meinen Freunden
nicht hart.

Die Alten soll'n ihn anders gebildet haben:
als 'n Jäger im Mantel der Nacht, und die
Griechen: als 'n »Jüngling der in ruhiger
Stellung mit gesenktem trüben Blicke die Fackel
des Lebens neben dem Leichname auslöscht.«

Ist 'n schönes Bild, und erinnert einen so tröstlich an Hain seine Familie und namentlich an seinen Bruder: wenn man sich da so den Tag über müde und matt gelaufen hat und kommt nun den Abend endlich so weit daß man's Licht auslöschen will — hat man doch nun die Nacht vor sich wo man ausruhen kann! und wenn's denn gar den andern Morgen Feyertag ist!! 'S ist das würklich ein gutes Bild vom Hain; bin aber doch lieber beym Knochenmann geblieben. So steht er in unsrer Kirch', und so hab ich 'n mir immer von klein auf vorgestellt daß er auf'm Kirchhof über die Gräber hinschreite, wenn eins von uns Kindern 's Abends zusammenschauern that, und die Mutter denn sagte: der Todt sey über's Grab gangen. Er ist auch so, dünkt mich, recht schön, und wenn man ihn lange ansieht, wird er zuletzt ganz freundlich aussehen.

Das zweyte Kupfer, S. 7. stellt vor: einen Raben; einige sagen gar, 's sey nur eine Krähe.

Das Dritte, S. 79. ist der Präsident Lars. Ich weiß nicht mehr davon zu sagen, und das Werk mag seinen Meister loben.

Auf dem vierten Kupfer, p. ultima, steh ich, und gieße Oel auf einen Stein. Was das bedeuten soll? — 's liegt ein Mann unter dem Stein, dem ich viel zu danken habe und nichts habe vergelten können. Da steh ich nun so dahier und salbe Seinen Grabstein mit Oel, und — 's soll nichts bedeuten.

Die ☞ steht allemahl vor'm Titel irgend eines Buchs, und soll so viel zu verstehen geben, als daß ich meine einfältige Meinung dazu thun will.

Der ✻ unter einem Stück will sagen, daß das Stück in meiner Mundart sey. In den Stücken ohne Stern hab ich mich mehr nach meinem Vetter gerichtet, und von diesen Stücken pfleg ich auch wohl vel quasi zu sagen, daß mein Vetter sie gemacht habe. Könnt' auch sagen, daß mein Vetter sich in diesen Stücken nach Niemand und in denen mit dem ✻ nach mir und meinem Bothenstab gefügt habe; ist alles eins. Ob nun wohl also der ✻ mein Zeichen ist, so muß doch niemand daraus denken, als ob ich 'n Ritterband und 'n Stern hätte. Ich habe keinen Stern. Die Sterne und hohen Ehren=Titel sind beym Verdienst, was der Wetterhahn beym Winde ist. Wer einen großen Titel und Stern hat, der muß auch 'n groß Verdienst haben, darnach richten sich die Potentaten beym Geben, und das sieht man auch an den meisten Herren die hohe Titel und Sterne haben; a Propos, hab wohl ehr'n Stern auf einer Brust gesehn, und in dem Gesicht darüber Harmpfoten und Verdruß, und da hab ich denn so bey mir selbst gedacht, daß es wohl nicht immer Fried und Freude sey was so 'n Stern auf einer Brust manchmal so hoch hebt, und daß Titel und Sterne wohl nicht innerlich müßen glücklich machen können. Das Seinige treu thun, pflegte meine Mutter zu sagen, ist'n Stern, der auf der bloßen Brust sitzt, die andern sitzen nur am Latz.

Schließlich noch ein Wort mit meinen Herren Subscribenten. Erstens hoff' ich, daß sie mit Druck und Papier zufrieden seyn werden. Zweitens: Ich hab Ihnen zwischen 15 und 20 Bogen versprochen, und liefre Ihnen nur 15 und einen halben; dafür aber liefre ich auch 2 Kupfer mehr als ich versprochen habe, und ich denke, daß sie dabey nicht verlohren haben. Drittens: da ich als »Asmus pro tempore Bothe in Wandsbeck« nicht im Staatscalender stehe, und es mit den Briefen unter dieser Adreße

Irrungen giebt; so ersuche ich die gütigen Herren, die sich mit Subscriptionsammlen bemüht haben, ihre Briefe an meinen Vetter »Matthias Claudius *Homme de lettres*« zu abreßiren.

»So will ich nun hiemit das Buch beschließen, und hätte ichs lieblich gemacht, das wollte ich gern. Ist es aber zu gering: so habe ich doch gethan, so viel ich vermocht. Denn alle Zeit Wein oder Waßer trinken ist nicht lustig, sondern zuweilen Wein, zuweilen Waßer trinken das ist lustig: also ists auch lustig so man mancherley lieset. Das sey das Ende.«

Asmus.

Mein Neujahrslied.

Es war erst frühe Dämmerung
  Mit leisem Tagverkünden,
Und nur noch eben hell genung
  Sich durch den Wald zu finden.

Der Morgenstern stand linker Hand,
  Ich aber gieng und dachte
Im Eichthal an mein Vaterland,
  Dem er ein Neujahr brachte.

Auch dacht' ich weiter: »so, und so,
  »Das Jahr ist nun vergangen,
»Und du siehst, noch gesund und froh,
  »Den schönen Stern dort prangen.

»Der ihm dort so zu stehn gebot
  »Muß doch gern geben mögen!
»Sein Stern, Sein Thal, Sein Morgenroth,
  »Rund um mich her Sein Seegen!

»Und bald wird Seine Sonne hier
  »Zum ersten mahl aufgehen! — «
Das Herz im Leibe brannte mir,
  Ich mußte stille stehen,

Und wankte wie ein Mensch im Traum
    Wenn ihn Gesichte drängen,
Umarmte einen Eichenbaum
    Und blieb so an ihm hängen.

Auf einmahl hört' ich's wie Gesang,
    Und glänzend stiegs hernieder
Und sprach, mit hellem hohen Klang,
    Das Waldthal sprach es wieder:

Der alten Barden Vaterland!
    Und auch der alten Treue!
Dich, freies unbezwungnes Land!
    Weiht Braga hier aufs Neue

Zur Ahnentugend wieder ein!
    Und Friede deinen Hütten,
Und deinem Volke Fröhlichseyn,
    Und alte deutsche Sitten!

Die Männer sollen, jung und alt,
    Gut vaterländ'sch und tüchtig
Und bieder seyn und kühn und kalt,
    Die Weiber keusch und züchtig!

Und beine Fürsten groß und gut!
    Und groß und gut die Fürsten!
Die Deutschen lieben, und ihr Blut
    Nicht saugen, nicht Blut dürsten!

Gut seyn! Gut seyn! ist viel gethan,
 Erobern, ist nur wenig;
Der König sey der beßre Mann,
 Sonst sey der beßre, König!

Dein Dichter soll nicht ewig Wein
 Nicht ewig Amorn necken!
Die Barden müssen Männer seyn,
 Und Weise seyn, nicht Gecken!

Ihr Kraftgesang soll Himmelan
 Mit Ungestüm sich reißen! —
Und du, Wandsbecker Leyermann,
 Sollst Freund und Vetter heißen!

☞ Batteux Geschichte der Meinungen der Philosophen von den ersten Grundursachen der Dinge. Aus dem Französischen übersetzt.

Monsieur Batteux hatte vermuthlich gehört oder gelesen, daß einige der alten Philosophen von den ersten Grundursachen der Dinge Begrif hatten, und daß sie mit diesem Begrifhaben nicht übel b'ran, und immer so gutes Muhts waren; er nahm sich also die Mühe, die Bruchstücke der alten Philosophischen Secten nach der Reihe vorzunehmen, um endlich einmahl ins Reine zu bringen, was denn die alten so hoch gerühmten Herren guts hatten, auch allenfalls das Beste für sich und seine Zeitgenossen heraus zu heben. Heutiges Tages sagen und schreiben viele Gelehrte mehr als sie wißen, in den alten Zeiten wußten einige mehr als sie schrieben, und dazu sollen sie, unter andern der seelige Pythagoras, deßen eine Hüfte nicht ganz orthodox gehalten wird, die affectirte Gewohnheit gehabt haben, vor und hinter einem Schirm zu dociren ꝛc. Monsieur Batteur läßt sich auf dergleichen Finessen nicht ein, sondern er nimmt was er vorfindet, beäugt es, und bringt am Ende heraus: daß die Leute Narren sind die wunder großes Ding bey den Alten suchen, daß Newton ein ganz andrer Mann sey u. s. w.

Das ist etwa der Sinn dieser Schrift von Monsieur Batteur, und es wird sich auch wohl ohngefähr so verhalten.

☞ Jean qui rit et Jean qui pleure,

eine Pièce fugitive des Herrn von Voltaire ꝛc.

Es soll ehedem Jeans gegeben haben, die über die Schwachheit ihres Geschlechts lachten oder weinten; der Philosoph von Ephesus, den Niemand verstehen konnte, weinte beſtändig, ſagt man, und der große Mann von Abdera lachte. Aber das waren denn freilich Jeans die was verſucht hatten, die es wußten, daß der Geiſt der Thorheit und Tändeley, wie artig er ſich auch gebehrde, doch der Geiſt der Thorheit und Tändeley ſey, und nicht der Geiſt der Weißheit, zu dem man ohne Selbſterkänntnis nicht kommen kann, und die deswegen unter beſtändigem Kampf mit ihrer ſchönen Natur alt und grau geworden waren, und aus Erfahrung nun einſahen, was der Menſch iſt, und was er ſeyn ſoll, und werden kann.

Man kann ſich des Unwillens nicht erwehren, wenn man ſo einen Comödianten und Jean F** mit würklich großen Menſchen ſich leichtfertig vergleichen ſieht.

Kuckuck

Wir Vögel ſingen nicht egal;
Der ſinget laut, der andre leiſe,
Kauz nicht wie ich, ich nicht wie Nachtigall,
Ein jeder hat ſo ſeine Weiſe.

Am Charfreitagmorgen.

'Bin die vorige Nacht unterwegen gewesen. Etwas kalt schien einem der Mond auf den Leib, sonst war er aber so hell und schön, daß ich recht meine Freude dran hatt', und mich an ihm nicht konnte satt sehen. Heut Nacht vor tausend acht hundert Jahren schienst du gewiß nicht so, dacht' ich bey mir selbst; denn es war doch wohl nicht möglich, daß Menschen im Angesicht eines so freundlichen sanften Mond's einem gerechten unschuldigen Mann Leid thun konnten! —

Impetus Philosophicus.

Einem jeglichen Menschen ist Arbeit aufgelegt nach seiner Masse, aber das Herz kann nicht dran bleiben; das trachtet immer zurück nach Eden, und dürstet und sehnet sich dahin. Und der Psyche ward ein Schleyer vor die Augen gebunden, und sie ausgeleitet zum Blinde=Kuh=Spiel. Sie sieht und horcht unterm Schleyer hin, hüpft auf jeden Laut zu und breitet die Arme. — ich beschwere euch, ihr Töchter Jerusalem: findet ihr meinen Freund, so sagt ihm, daß ich vor Liebe krank liege.

Was ich wohl mag.

Ich mag wohl Begraben mit ansehn, wenn so ein rohtgeweintes Auge noch einmahl in die Gruft hinab blickt, oder einer sich so kurz umwendet, und so bleich und starr sieht und nicht zum Weinen kommen kann. 'S pflegt mir denn wohl selbst nicht richtig in'n Augen zu werden, aber eigentlich bin ich doch frölich. Und warum sollt' ich auch nicht frölich seyn; liegt er doch nun und hat Ruhe! und ich bin darin 'n närrischer Kerl, wenn ich Weizen säen sehe, so denk' ich schon an die Stoppeln und den Erndte= tanz. Die Leut fürchten sich so vor einem Todten, weiß nicht warum. Es ist ein rührender heiliger schöner Anblick, einer Leiche ins Gesicht zu sehen; aber sie muß ohne Flitterstaat seyn. Die stille blasse Todsgestalt ist ihr Schmuck, und die Spuhren der Verwesung ihr Halsgeschmeide, und das erste Hah= nengeschrey zur Auferstehung. ✱

Der Schwarze in der Zuckerplantage.

Weit von meinem Vaterlande
 Muß ich hier verschmachten und vergehn,
Ohne Trost, in Müh und Schande;
 Ohhh die weissen Männer!! klug und schön!
Und ich hab den Männern ohn' Erbarmen
 Nichts gethan.
Du im Himmel! hilf mir armen
 Schwarzen Mann!

Die Henne.

Es war mahl eine Henne fein,
Die legte fleißig Eyer;
Und pflegte denn ganz ungemein
Wenn sie ein Ey gelegt zu schrein,
Als wär' im Hause Feuer.
Ein alter Truthahn in dem Stall,
Der Fait vom Denken machte,
Ward böß darob, und Knall und Fall
Trat er zur Henn' und sagte:
Das Schrein, Frau Nachbarin, war eben nicht von=
 nöhten;
Und weil es doch zum Ey nichts thut,
So legt das Ey, und damit gut!

Hört, seyd darum gebeten!
Ihr wißt nicht, wie's durch den Kopf mir geht.
Hm! sprach die Nachbarin, und thät
Mit einem Fuß vortreten,
Ihr wißt wohl schön, was heuer
Die Mode mit sich bringt, ihr ungezognes Vieh!
»Erst leg' ich meine Eyer,
»Denn recensir' ich sie.«

☞ — Paraphrasis Evangelii Johannis — ꝛc.

Ich habe von Jugend auf gern' in der Bibel gelesen, für mein Leben gern. 's stehen solche schöne Gleichniß und Rähtsel b'rin, und 's Herz wird einem darnach so recht frisch und muthig. Am liebsten aber les' ich im Sanct Johannes. In ihm ist so etwas ganz wunderbares — Dämmerung und Nacht, und durch sie hin der schnelle zuckende Blitz! 'n sanftes Abendgewölk' und hinter dem Gewölk der große volle Mond leibhaftig! so etwas schwermüthiges und hohes und ahndungsvolles, daß mans nicht satt werden kann. 's ist mir immer beym Lesen im Johannes, als ob ich ihn beym letzten Abendmal an der Brust seines Meisters vor mir liegen sehe, als ob sein Engel mir's Licht hält, und mir bey gewißen Stellen um den Hals fallen und etwas ins Ohr sagen wolle. Ich versteh lang nicht alles was ich lese, aber oft ists doch als schwebt' es fern vor mir was Johannes meinte, und auch da, wo ich in einen ganz dunkeln Ort h'nein sehe, hab ich doch eine Vorempfindung von einem großen herrlichen Sinn den ich 'nmahl verstehen werde, und darum greif' ich so nach jeder neuen Erklärung des Johannes. Zwar die meisten kräuseln nur an dem Abendgewölke, und der Mond hinter ihm hat gute Ruhe.

Des Herrn Verfaßers Erklärung ist sehr gelehrt, dünkt mich, und ich glaube, daß man wohl zwanzig Jahr studiren muß, eh man so eine schreiben kann.

*

Eine Chria, darin ich von meinen Academischen Leben und Wandel Nachricht gebe.

'Bin auch auf Unverstädten gewesen, und hab' auch studirt. Ne, studirt hab' ich nicht, aber auf Unverstädten bin ich gewesen, und weiß von allem Bescheid. Ich ward von ohngefähr mit einigen Studenten bekannt, und die haben mir die ganze Unverstädt gewiesen, und mich allenthalben mit hingenommen, auch ins Collegium. Da sitzen die Herren Studenten alle neben 'nander auf Bänken wie in der Kirch', und am Fenster steht eine Hittsche, dar-

auf sitzt 'n Profeßor oder so etwas, und führt über
dies und das allerley Reden, und das heissen sie
denn dociren. Das auf der Hittschen saß, als
ich d'rinn war, das war 'n Magister, und hatt'
eine große krause Parúque auf'm Kopf, und die
Studenten sagten, daß seine Gelehrsamkeit noch viel
größer und krauser, und er unter der Hand ein so
capitaler Freygeist sey, als irgend einer in Frank=
reich und England. Mochte wohl was d'ran seyn,
denn 's gieng ihm vom Maule weg als wenn's
aus'm Mostschlauch gekommen wär; und demonstri=
ren konnt' er, wie der Wind. Wenn er etwas vor=
nahm, so fieng er nur so eben 'n bisgen an, und,
eh' man sich umsah, da wars demonstrirt. So de=
monstrirt' er z. Er. daß 'n Student 'n Student und
kein Rinoceros sey. Denn, sagte er, 'n Student
ist entweder 'n Student oder 'n Rinoceros; nun ist
aber 'n Student kein Rinoceros, denn sonst müßt
'n Rinoceros auch 'n Student seyn; 'n Rinoceros
ist aber kein Student, also ist 'n Student 'n Stu=
dent. Man sollte denken, das verstünd sich von
selbst, aber unser eins weiß das nicht besser. Er
sagte, das Ding »daß 'n Student kein Rinoceros,
»sondern 'n Student wäre« sey eine Hauptstütze der
ganzen Philosophie, und die Magisters könnten den
Rücken nicht fest genug gegenstemmen, daß sie nicht
umkippe.

Weil man auf Einem Fuß nicht gehn kann, so
hat die Philosophie auch den andern, und darin war
die Rede von mehr als Einem Etwas, und das Eine

Etwas, sagte der Magister, sey für jedermann; zum andern Etwas gehör' aber eine feinere Nas', und das sey nur für ihn und seine Collegen. Als wenn eine Spinn' einen Faden spinnt, da sey der Faden für jedermann und jedermann für den Faden, aber im Hintertheil der Spinne sey sein bescheiden Theil, nämlich das Andre Etwas das der zureichende Grund von dem Ersten Etwas ist, und einen solchen zureichenden Grund müß' ein jedes Etwas haben, doch brauche der nicht immer im Hintertheil zu seyn. Ich hätt' auch mit diesem Axioma, wie der Magister 's nannte, übel zu Fall kommen können. Daran hängt alles in der Welt, sagt er, und, wenn einer 's umstößt, so geht alles über und drunter.

Denn kam er auf die Gelehrsamkeit, und die Gelehrten zu sprechen, und zog bey der Gelegenheit gegen die Ungelahrten los. Alle Hagel, wie segt' er sie! Dem ungelahrten Pöbel setzen sich die Vorurtheile von Alp, Leichdörnern, Religion ꝛc. wie Fliegen auf die Nase und stechen ihn; aber ihm, dem Magister, dürfe keine kommen, und käm' ihm eine, Schnaps schlüg' er sie mit der Klappe der Philosophie sich auf der Nasen todt. Ob, und was Gott sey, lehr' allein die Philosophie, und ohne sie könne man keinen Gedanken von Gott haben u. s. w. Dies nun sagt' der Magister wohl aber nur so. Mir kann kein Mensch mit Grund der Wahrheit nachsagen daß ich 'n Philosoph sey, aber ich gehe niemahls durch'n Wald, daß mir nicht einfiele, wer doch die Bäume wohl wachsen mache, und benn ahnet mich so von ferne und leise etwas von einem Unbekannten, und ich wollte wetten daß ich denn an Gott denke, so ehrerbietig und freudig schauert mich dabey.

Weiter sprach er von Berg und Thal, von Sonn' und Mond, als wenn er sie hätte machen helfen. Mir fiel dabey der Jsop ein, der an der Wand wächßt; aber die Wahrheit zu sagen, 's kam mir doch nicht vor, als wenn der Magister so weiße war, als Sa= lomo. Mich dünkt, wer was rechts weiß, muß, muß — säh ich nur 'nmahl einen, ich wollt 'n wohl kennen, malen wollt' ich 'n auch wohl, mit dem hel= len heitern ruhigen Auge, mit dem stillen großen Be= wußtseyn ꝛc. Breit muß sich ein solcher nicht machen können, am allerwenigsten andre verachten und fegen. O! Eigendünkel und Stolz ist eine feindseelige Leiden= schaft; Gras und Blumen können in der Nachbarschaft nicht gedeyen.

*

Bey dem Grabe Anselmo's.

Daß ich dich verlohren habe,
Daß du nicht mehr bist,
Ach! daß hier in diesem Grabe
Mein Anselmo ist,
Das ist mein Schmerz! das ist mein Schmerz!!!
Seht, wir liebten uns, wir beyde,
Und, so lang' ich bin, kommt Freude
Niemahls wieder in mein Herz.

Brief an Andres.

Gott zum Gruß!

Mein lieber Andres, wenn er sich noch wohl befindet; ist's mir lieb. Was mich anlangt, so befind' ich mich itzo in Wandsbeck.

Er wird's auch wohl vom Herrn Rector gehört haben, daß der Calendermacher und Sternkucker Tychobrahe zu seiner Zeit in Wandsbeck den Sternenlauf betrachtet hat, und daß dieser Tychobrahe eine Nase von Gold, Silber und Wachs hatte, weil ihm von ohngefähr 'n Edelmann zu nächtlicher Weile eine von Fleisch abduellirte; ich thu' ihm zu wissen, daß ich keine Nase von Gold, Silber und Wachs hab' und daß ich folglich hier auch den Sternenlauf nicht betrachte. Uebrigens ist mir in Ermanglung eines bessern zu Ohren gekommen, daß Ihm Seine Gertrud abgestorben ist. Da Er weiß, daß ich nicht ungerührt bleibe, wenn 'n Hund stirbt den ich zum erstenmahl sehe, so kann er sich leicht vorstellen, wie mir bey der Nachricht von diesem Todesfall geworden seyn mag. Die seelige Gertrud hatt' ihre Mücken, aber 's reute sie doch gleich, und sie hatt' auch viel gutes, und hätte wohl länger leben mögen, doch Sie ist nun caput, und er muß sich zufrieden geben. Andres! unterm Mond ist viel Mühe des Lebens, er muß sich zufrieden geben — ich sitze mit Thränen in den Augen und nag' an der

Feder, daß unterm Mond so viele Mühe des Lebens ist, und daß einen jedweden seine eigne Rücken so unglücklich machen müssen!

☀

☞ **Neue Apologie des Socrates, oder Untersuchung der Lehre von der Seeligkeit der Heiden ꝛc.**

»Aber« sagte Socrates zum Beschluß seiner Bonmots zu seinen Richtern die ihn eben zum Tode verdammt hatten, »aber es ist Zeit, daß wir aus ein=
»ander gehen, Ihr an eure Geschäfte, und ich zu
»sterben; wer von uns am besten fährt, das wissen
»allein die Götter.«

Es hat von je her nicht an Politiquern gefehlt, die von Socrates seiner Fahrt nicht viel Gutes vermuthet haben. Da er ein Heide war, sagen sie, so ist er hingefahren wo die Heiden hingehören. Es ist freilich eine übertriebene Toleranzgrille, die alten Philosophen ohne Unterscheid zu Christen machen wollen, weil sie eine hohe Moral geprediget haben; aber auf der andern Seite ist zu Socrates Zeiten drey und eins so gut vier gewesen als iho, Wasser hat damals schon Feuer gelöschet und so auch Selbstverleugnung ihre guten Folgen haben müssen. Einige von den Alten scheinen Wind von dieser Lehre

gehabt zu haben, und Socrates hatte sich unter
andern dadurch bey seinen Landsleuten verhaßt ge=
macht, weil sie, wie alle andere Landsleute, in ih=
rer Knechtschaft nicht an die Freyheit erinnert
noch durch das bittre Salz der Wahrheit gereitzt
seyn wollten. So nach würde es also ungerathen seyn,
dem Socrates den Kranz, den er via legitima
verdienet hatte, abzureissen, und ihm die Freuden
Gottes abzudisputiren, die der Lohn des Heldengan=
ges sind: aus seinem Vaterlande und von seiner
Freundschaft in ein Land das man beym Ausmarsch
noch nicht sehen kann. Ein Trost für Socrates
Freunde ist indeß, daß der Wind bläßt wo er will
und daß Disputations die ewigen Gesetze der Körper=
und Geister=Welt nicht irre machen können. Plato
erzählt auch, daß der obgedachte Lohn den Socra=
tes nicht Waise gelassen habe, und ihm im Richt=
hause so hell in Aug' und Antlitz getreten sey, daß
seine Richter ihn nicht ansehen durften, und vor ihm
da standen, als sündige Verbrecher die von ihm ihr
Urtheil erwarteten.

Schließlich sey es bey dieser Gelegenheit erlaubt,
einen Socratischen Schriftsteller über den Socra=
tes in Andenken zu bringen, den Verfasser der 1759
herausgekommenen »Socratischen Denkwürdig=
keiten ꝛc.« Er zwar scheint ein Unhold zu seyn der
seinen Gang vor sich hingeht und sich nicht nach
Beyfall oder Tadel umsieht, aber dem Niemand und
den Zweenen ist es nütze, daß er nicht vergessen
werde, wiewohl er doch nicht viel verstanden wird.

Gewisse Nachrichten aus dem Reiche der Gelehr=
samkeit verwiesen ihn bey ihrer Anzeige seiner 4
Bogen in die Arbeits= und Raspel=Häuser, welcher
Sentenz Andenken er in einem eignen Nachspiel ge=
bührend gefeyert und allen Menschen, die nicht an=
ders wollen, Freyheit gegeben hat, an den Hirsch=
hörnern ihre Vorurtheile und Schoßneigungen un=
gestört fortzuraspeln.

Charlotte und Mutter.

M. Charlotte, sag' ich, bleibe da,
  Sonst werd' ich strafen müssen.
C. Wie so? Fritz thut mir nichts, Mama.
  Er will mich nur küssen.
M. Das soll er nicht, Närrin, bleibe da.
C. Warum nicht, Mama?

Alte und Neue Zeit.

Zu'n Zeiten Homers
Gab man der Minerva die Eule,
Und nicht aus Langeweile;
Zu'n Zeiten Voltairs,

Des Weisen und Castraten,
Verdient sie Minerva nicht mehr,
Und da würd' ich denn freilich sehr
Zum Vogel Kuckuck rahten.

☞ **Neue Apologie des Buchſtaben H. oder: Auſſerordentliche Betrachtungen über die Orthographie der Deutſchen von H. S. Schullehrer ꝛc.**

Die Betrachtungen über die Religion und ihr Neues, die Orthographie ohne H. ſind bekannt; dieſe Apologie iſt ein Wink und Antwort darauf und auf alle Betrachtungen der Art, die ſämmtlich auf demſelben Loch, nur mehr und minder laut, gepfiffen werden und gepfiffen worden ſind, ſeit dem Erſten, der den Johanniswurm der allgemeinen Vernunft, ſtat ihn auf der Erde ſeiner Heymath fortkriechen und glänzen zu laſſen, über die Religion auffſteigen ließ, wie die Knaben ihren Drachen; und die ſämmtlich auf demſelben Loch werden gepfiffen werden bis an der Welt Ende und der Johanniswürmer und Knaben und Drachen. Der Verfaſſer läßt ſich in das Geſinge und Geſumſe wider und für die Religion gar nicht ein, ſondern anatomirt den Johanniswurm und macht ihn verdächtig ꝛc.

Uebrigens hat er sich in ein mitternächtliches Ge=
wand gewickelt, aber die goldnen Sternlein hin und
her im Gewande verrathen ihn, und reizen, daß man
sich keine Mühe verdriessen läßt.

☞ Herrn Doctor Cramers Psalmen mit Melodien von C. P. E. Bach ꝛc.

'S gereut mich doch nicht, daß ich pränumerirt
habe. Sonst solls mit dem Pränumeriren zuweilen
mißlich seyn, angesehn die H. H. Gelehrten oft so
gewissenhaft zu Werk gehen als die H. H. Kauf=
leute, und mancher arme Schelm soll in seinem
Waarenlager von oben bis unten nichts als Mohn=
samen liegen haben, daher er denn auch freilich mit
besten Wissen und Gewissen nichts anders daraus
geben kann. Mit diesem Buch ists nun nicht so
gangen. Es hatten mir aber auch honnete Leut'
vorher gesagt, daß der C. P. E. Bach kräftig und
desperat setzen und spielen solle, und da dacht' ich:
so 'n schöner Psalm mit einer kräftigen Melodie wird
sich unterwegen in der Morgenstund' oder sonst recht
gut singen lassen, und so pränumerirt' ich, und es
gereut mich wie gesagt nicht! 's sind mehr als eine
Melodie brin, die 's Geld allein wehrt sind. Gleich
die erste, ob wohl sonst aller Anfang schwehr zu seyn

pflegt, ist ganz leicht und simpel und gerade weg daß es eine Lust ist. Aber meine Leib=Melodien sind S. 27. und S. 10.; die erste tönt so schön tief und innig klagend, daß sie einem die Brust recht zusammen zieht, und die andre macht sie wieder weit, den hohen Lobpsalm mit aller Macht herauszusingen; und daß man auf »Grö=ße=Got=tes« so lang aus= halten muß, das ist just wie ichs gern mag. S. 16. 45. und 51. sind wohl Futter für die Erzmusiker, ich bin aber der keiner.

Ein paar Melodien sind mit Clavieraccompag= nement versehn. Aber woher das wenn ich aufm Wege bin? Ey, was Clavieraccompagnement? ich singe meinen Psalm, mag der Nachtschauer und der Wald accompagniren.

Als er sein Weib und's Kind an ihrer Brust schlafend fand.

Das heiß' ich rechte Augenweide,
's Herz weidet sich zugleich.
Der alles seegnet, seegn' euch beide!
Euch liebes Schlafgesindel, euch!

Ueber das Genie.

Nescio quid seruile olet et non sui Juris.

Ich stelle mir oft bey müßigen Stunden eine Sprache als ein Bündel Stäbe vor, wo an jed=wedem Stab eine verwünschte Prinzeßin angezaubert ist, oder ein unglücklicher Prinz; und der Mann, der die Sprache versteht, wäre denn ein Sonntags=kind, das Geister sehen kann, unterdeß der andre den Stab sieht und nichts weiter. Man sagt, daß in der eigentlichen Zauberey, wenn einer das Hand=werk versteht, eine Prinzeßin vom Zauber erlöset, und statt ihrer ein Alp und Kobolt an den Stab festgezaubert werden kann; bey den Sprachen gehts gewiß so her, und beydes die Stäbe und die Gei=ster sind sehr der Veränderung unterworfen. Die Geschichte dieser Veränderungen und Succeßions ist ein sehr feines Studium. Sie erfodert ein phi=losophisches Fühlhorn, das nicht jedermanns Gabe ist, und ohne sie kann wenig gescheutes von dem Geschmack eines Mannes und seiner Nachfolger ge=sagt werden, wie das die Abhandlungen in Quarto und Octavo beweisen.

Socrates sprach von einem Genio, der ihm ins Ohr sagte, und tausend sprachen und sprechen nach ihm von einem Genio. Vielleicht verhält sich der Genius, von dem Socrates sprach, zu den Geniis, von denen die tausend sprechen, wie ein alter Barde und Prophet zu den Minstrells und Balladsängern, denen die Königin Elisabeth in

England eine Ehre auf dem Brett anthat: »alle Zigeuner, Landstreicher und Minstrells kommen in das Zuchthaus nach Neumünster,« vielleicht auch anders, denn es ist noch nicht recht ausgemacht worden, was Socrates gemeynt habe und was die tausend meynen.

Fast alle, die vom Socratischen Genio geschrieben haben, sind entweder in die Marschländereyen mondsüchtiger Phantasten gerathen, oder in die dürre Sandwüsten der Wolfischen Philosophie und der Mathematischen Lehrart. Es kann wohl seyn, daß niemand etwas davon sagen kann, als wer einen ähnlichen Genium hat, und wer den hat, ist vielleicht zu hölzern, und so zurückhaltend als So= crates war. Auf die letzte Vermuthung bringt mich eine Erfahrung unter den Menschenkindern, nach der ein Säugling der Venus Erycina im ersten Platonischen Paroxismo der zarten Leidenschaft stumm ist, und in der Tiefe des einsamsten Waldes den Namen des Idol suo kaum aussprechen darf. Bey so gestalten Sachen nun wäre vom Socratischen Genio nicht viel von andern Leuten zu erfahren, und es gienge damit wie mit dem leidigen Stein der Weisen. Es sey also in Ansehung seiner genung, in einer sanften Mondnacht mit gewaschenen Händen und einem Schauer von Ehrfurcht und Eifersucht Blumen für den Mann hinzulegen, der ihn hatte, und für den, der ihn hat — und nun herunter zum modernen Genius oder zum Genie.

Hier liegen Fußangeln.

»Ich bin ein Barde.« Freund, sind deine Augen
helle?
Gnügt dir die Eichel und die Quelle?

An — als Ihm die — starb.

Der Säemann säet den Samen,
    Die Erd' empfängt ihn, und über ein kleines
    Keimet die Blume herauf —

Du liebtest sie. Was auch dies Leben
    Sonst für Gewinn hat, war klein Dir geachtet,
    Und sie entschlummerte Dir!

Was weinest Du neben dem Grabe,
    Und hebst die Hände zur Wolke des Todes
    Und der Verwesung empor?

Wie Gras auf dem Felde sind Menschen
    Dahin, wie Blätter! Nur wenige Tage
    Gehn wir verkleidet einher!

Der Adler besuchet die Erde,
    Doch säumt nicht, schüttelt vom Flügel den
        Staub, und
    Kehret zur Sonne zurück!

Der Tempel der Musen.

Der Deutsch' und Grieche pflegen
 Des Altars;
Der Römer pflegt auch mit, von wegen
 Des Nachbars;
Hoch am Gewölbe schwebet
 Der Britte wie Cherub, und lebet;
Der Welsch' ist Adjunctus und Küstermann,
 Und oben flattert der Hahn
Vergoldet und lieblich zu sehen,
 Und krähet Epopeen.

Ein Lied um Regen.

Der Erste.

Regen, komm' herab!
 Unsre Staaten stehn und trauern,
 Und die Blumen welken.

Der Zweyte.

Regen, komm' herab!
 Unsre Bäume stehn und trauern!
 Und das Land verdorret.

Der Erste.

Und das Vieh im Felde schmachtet,
 Und brüllt auf zum Himmel.

Der Zweyte.

Und der Wurm im Grase schmachtet,
Schmachtet und will sterben.

Beyde.

Laß doch nicht die Blumen welken!
Nicht das Laub verdorren!
O, laß doch den Wurm nicht sterben!
Regen, komm' herab!

---

* * *

Mein Vetter hat S. 21. eine sehr gelehrte Abhandlung über's Genie angefangen. Er fängt oft an, und kommt ihm denn eine andre Grille, da läßt er's gut seyn und denkt nicht weiter d'ran. Ich pfleg' ihm denn wohl jezuweilen unter vier Augen seine Narrheit zu verweisen, aber er schämt und grämt sich nicht, und oft giebt er mir noch allerhand spitzfindige Redensarten zum Lohn. Neulich gab ich ihm zu verstehen, daß er, was er angefangen hätte, auch — »wohl wahr, Vetter, fiel er mir in die Rede, doch setzt ihr's fort!« Ich gab natürlicherweise zur Antwort, daß ich nichts von der Materie verstehe. »Desto besser werdet ihr davon schreiben, Vetter, es ist vieles in der Natur verborgen.«

Was soll ich thun; will ich's fortgesetzt haben, muß ich wohl d'ran, 's mag benn auch gehn wie's geht.

Will nur zuvor den letzten Perioden nachlesen: »und nun herunter zum modernen Genius oder zum Genie« — herunter denn, und gleich im Fallen angefangen.

Empfange mich, du lieblicher Hain am Heliconberg! Ich komme gefallen, zu hören deinen Silbersturm und dein sanfteres Geräusche, und Ihr im leichten Rosengewand, mit dem blassen Munde, der so holdselig sprechen kann, Gesellen des Hains! seyd mir gegrüßt — Ha! der Schwindel ist über, und ich habe wieder festen Grund unter'n Füßen.

Wenn einer 'n Buch geschrieben hat, und man liest in dem Buch und 's würkt so sonderbar als ob man in Doctor Faust's Mantel davon sollte, daß man aufsteht und sich reisefertig macht, und, wenn man wieder zu sich selbst kommt, dankbar zum Buche zurückkehrt, dann, sollt' ich glauben, habe der Autor mit Genie geschrieben. Aber, mein Vetter wird sagen, daß das nichts gesagt sey; daß man nicht wissen will, wer Genie habe, sondern was das Genie sey, das einer hat.

Das Genie also ist — ist — weiß nicht — ist 'n Wallfisch! So recht, das Genie ist 'n Wallfisch, das eine Idee drey Tage und drey Nächte in seinem Bauch halten kann und sie denn lebendig ans Land speit; ist 'n Wallfisch, der bald durch die Tiefe in stiller Grösse daher fährt, daß den Völkern der Wasserwelt 'n kaltes Fieber ankömmt, bald herauf fährt

in die Höhe und mit Dreymastern spielt, auch wohl
mit Ungestüm aus dem Meer plötzlich hervorbricht
und große Erscheinungen macht. Das Nicht=Genie
aber ist 'n Wallfischgerippe, ohne Fett und Bein,
das auf 'm Wasser vom Winde hin und her getrie=
ben wird, eine Witterung für die schwarzen und
weißen Bären, (Journalisten und Zeitungsschreiber)
die über die Eisschollen herkommen und d'ran nagen.
Ich will 's nur bey Zeiten sagen, daß ich über mei=
nes Vetters Papiere gewesen bin; der geneigte Leser
würd's doch bald merken; hab's gemacht wie die
andern: Fremd Kraut, und meine Brühe d'rüber.

Der menschliche Körper voll Nerven und Adern,
in deren Centro die menschliche Seele sitzt, wie eine
Spinne im Centro ihres Gewebes, ist einer Harfe
zu vergleichen, und die Dinge in der Welt um ihn
den Fingern, die auf der Harfe spielen. Alle Har=
fensaiten beben und geben einen Ton, wenn sie be=
rührt werden. Einige Harfen aber sind von einem
so glücklichen Bau, daß sie gleich unter'm Finger
des Künstlers sprechen, und ihre Saiten sind so
innig zum Beben aufgelegt, daß sich der Ton von
der Saite losreißt und ein leichtes ätherisches We=
sen für sich ausmacht, das in der Luft umher wallt
und die Herzen mit süßer Schwermuth anfüllt. Und
dies leichte ätherische Wesen, das so frey für sich
in der Luft umher wallt, wenn die Saite schon auf=
gehört hat zu beben, und das die Herzen mit süßer
Schwermuth anfüllt, kann nicht anders als mit dem
Namen Genie getauft werden, und der Mann,

dem es sich auf 'n Kopf setzt, wie die Eule auf 'n
Helm der Minerva, ist ein Mann, der Genie hat;
und der geneigte Leser wird nun hoffentlich besser
als ich wissen, was Genie ist. Dies Genie, fahren
die oberwähnten Papiere fort, das bis so weit eine
bloße Gabe der Natur ist, erhält nun eine ver=
schiedne Richtung, nach dem der ganze individuelle
Zustand, in dem der Mensch sich befindet und be=
funden hat, verschieden ist. Da thun Wiege und
Amme und Fiebel und Wohnung und Sprache und
Schlafmütze und Religion und Gelehrsamkeit ꝛc. das
ihrige, es zu erdrücken oder in Gang zu helfen.
Ein ganz besonders Verdienst im Erdrücken hat die
Philosophie, wie sie auf den Schulen Gang und
Gebe ist: Vita Caroli, mors Conradini! Die
Herren Philosophen, die von Allgemeinheiten gehört
haben, die tief in der Natur verborgen liegen sollen
und durch Hebammenkünste zur Welt gebracht wer=
den müssen, abstrahiren der Natur das Fell über
die Ohren, und geben ihre nackte Gespenster für
jene Allgemeinheiten aus; und ihre Zuhörer, die an
diese Gespenster gewöhnt werden, verlieren nach und
nach die Gabe, Eindrücke von einer Welt zu em=
pfangen, in der sie sind. Alle Hacken ihrer Seele,
die an die Eindrücke der wirklichen Natur anpacken
sollen, werden abgeschliffen, und alle Bilder fallen
ihnen nun perspectivisch und dioptrisch in Aug und
Herz u. s. w.

* * *

Aber das kostet Kopfbrechen, von einer Sache zu schreiben, von der man nichts versteht; und da pflegen wir Gelehrte denn wohl zur Abwechslung und Erholung eine Spielstunde zu machen. Der seelige Isaac Newton schrieb in seinen Spielstunden eine Chronologie, und ich pflege wohl an meinen alten Freund und Schulkameraden Andres zu schreiben.

Mein lieber Andres,

Ich habe das Leichdornpflaster erhalten, die Würzpillen aber nicht, arbeite auch itzo an einem Buch, das ich dem Druck übergeben will. Er glaubt nicht, Andres, wie einem so wohl ist, wenn man was schreibt, das gedruckt werden soll, und ich wollt ihm die Freude auch 'nmal gönnen. Er könnte etwa das Recept zu dem Pflaster herausgeben, etwas vom Ursprung der Leichdörner herraisonniren und am Ende einige Errata hinzuthun. Sieht er, 's kommt bey einer Schrift auf den Inhalt eben nicht groß an, wenn nur Schwarz auf Weiß ist; einige loben 's doch, und am Ende läßt sich von Leichdörnern und Pflaster schon was schreiben. Ich besinne mich, daß es ihm in der Schule immer so schwer ward, die Commata und Puncta recht zu setzen. Sieht er, Andres, wo der Verstand halb aus ist, setzt Er ein Comma; wo er ganz aus ist,

ein Punctum, und wo gar keiner ist, kann Er setzen, was Er will, wie Er auch in vielen Schriften fin=
det, die herauskommen. Was Er Seinem Buch für einen Titel geben will, das muß Er wissen; meins heißt: Secum portans, und ich kann ihm nichts weiter davon sagen, als daß es Anfang und Ende hat.

Sein
   Diener,
      *

Klage um Aly Bey.

Laßt mich! laßt mich! ich will klagen,
   Frölich seyn nicht mehr!
Aboudahab hat geschlagen
   Aly und sein Heer.

So ein muntrer kühner Krieger
   Wird nicht wieder seyn;
Ueber alles ward er Sieger,
   Haut' es kurz und klein.

Er verschmähte Wein und Weiber,
   Gieng nur Kriegesbahn,
Und war für die Zeitungsschreiber
   Gar ein lieber Mann.

Aber, nun ist er gefallen.
Daß er's doch nicht wär'!
Ach, von allen Bey's, von allen
War kein Bey wie er.

Jedermann in Sirus saget:
»Schade, daß er fiel!«
Und in ganz Egypten klaget
Mensch und Crocodil.

Daher sieht im Geist, wie's scheinet,
Am Serail mit Graus
Seines Freundes Kopf, und weinet
Sich die Augen aus ꝛc.
Da Capo.

Hinz' un Kunz.

H. Was meynst du, Kunz, wie groß die Sonne
sey?
K. Wie groß, Hinz? — als'n Strausseney.
H. Du weißt es schön, bey meiner Treu!
Die Sonne als'n Strausseney!
K. Was meynst benn du, wie groß sie sey?
H. So groß, hör' — als'n Fuder Heu.
K. Man bächt kaum, daß es möglich sey;
Potz tausend, als'n Fuder Heu!

Im Junius.

Aber die Lenzgestalt der Natur ist doch wunder=
schön; wenn der Dornstrauch blüht und die Erde
mit Gras und Blumen pranget! So'n heller Decem=
bertag ist auch wohl schön und dankenswerth, wenn
Berg und Thal in Schnee gekleidet sind, und uns
Bothen in der Morgenstunde der Bart bereift; aber
die Lenzgestalt der Natur ist doch wunderschön!
Und der Wald hat Blätter, und der Vogel singt,
und die Saat schießt Aehren, und dort hängt die
Wolke mit dem Bogen vom Himmel, und der frucht=
bare Regen rauscht herab —
  Wach auf mein Herz und singe
  Dem Schöpfer aller Dinge ꝛc.
's ist, als ob Er vorüber wandle, und die Natur
habe Sein Kommen von Ferne gefühlt und stehe
bescheiden am Weg' in ihrem Feyerkleid' und frolocke!

Ein sonderlicher Casus von harten Tha=
lern und Waldhorn.

Musik! O ja, Musik ist eine herrliche Sach; auch
die heiligen Engel im Himmel sind Freunde davon,
ich habe sie mehr als einmahl auf Schildereyen blasen

sehen. Und die Musik ist lieblich zu hören, und hat würklich Gewalt auf's Herz. Ich habe wohl hundertmahl wieder d'ran gedacht, wie sie mich 'nmahl erweicht hat, als Paul mir meine harten Thaler gestohlen hatte. Der Paul Dieb der! Hatt' ihm so oft aus der Noth geholfen, und stahl mir doch meine harten Thaler; meine Mutter hatte sie mir noch auf ihrem Todtbette gegeben. Die Mütter haben's denn so an sich, daß sie harte Thaler haben, und meine hatte von je her viel von mir gehalten: ich hab ihr auch mein Tage nichts in 'n Weg gelegt, und, als sie merkte daß sie schwach ward, rief sie mich ans Bett' und gab mir Neun Stück harte Thaler, zwey Tage eh sie starb, nun Gott habe sie seelig, sie war eine gute Frau — aber wieder auf die Musik zu kommen, so wollt' ich erzählen, wie sie mich 'nmal erweicht hat, denn ich war recht ärgerlich über meine Thaler und über den untreuen, undankbaren Kerl. Wo ist Paul? »in den Wald gangen;« ich nach, blickte wild durch Busch und Baum, und wollt' ihn schlagen, wo ich 'n träfe, und das Blut kocht's mir in den Abern — da fiengen in der Ferne des gnädigen Herrn seine Jäger an zu blasen. So hatt 's mir niemahls noch gedaucht; ich hörte, stand still, und sah um mich. Ich war grab' an dem Schmerlenbach, und Pferd' und Küh' und Schaafe standen am Ufer und tranken alle aus dem Bach, und die Jäger bliesen. — »Harte Thaler hin, harte Thaler her! will Paul nicht schlagen,« und ich vergab ihm in meinem Herzen am Schmerlenbach, wo ich stand, und gieng wieder zu Hause. Wenn aber das nicht von ohngefähr so gekommen wär', und die Musik 's würklich gethan hätte, da wäre sie ja Gottesgab', und man sollte sie zu so was brau=chen. Aus dem ewigen Quinkeliren wird so nicht viel.

*

Phidile.

Ich war erst sechszehn Sommer alt,
    Unschuldig und nichts weiter,
Und kannte nichts als unsern Wald,
    Als Blumen, Gras, und Kräuter.

Da kam ein fremder Jüngling her;
    Ich hatt' ihn nicht verschrieben,
Und wußte nicht, wo hin noch her;
    Der kam und sprach von Lieben.

Er hatte schönes langes Haar
    Um seinen Nacken wehen;
Und einen Nacken, als das war,
    Hab ich noch nie gesehen.

Sein Auge, himmelblau und klar!
    Schien freundlich was zu flehen
So blau und freundlich, als das war,
    Hab ich noch kein's gesehen.

Und sein Gesicht, wie Milch und Blut!
    Ich hab's nie so gesehen;
Auch, was er sagte, war sehr gut,
    Nur konnt' ichs nicht verstehen.

Er gieng mir allenthalben nach,
    Und drückte mir die Hände,
Und sagte immer O und Ach,
    Und küßte sie behende.

Ich sah' ihn einmahl freundlich a n,
    Und fragte, was er meynte;
Da fiel der junge schöne Mann
    Mir um den Hals, und weinte.

Das hatte Niemand noch gethan;
    Doch war's mir nicht zuwider,
Und meine beyden Augen sahn
    In meinen Busen nieder.

Ich sagt' ihm nicht ein einzig Wort,
    Als ob ichs übel nähme,
Kein einzigs, und — er flohe fort;
    Wenn er doch wieder käme!

An die Nachtigall.

Er liegt und schläft an meinem Herzen,
Mein guter Schutzgeist sang ihn ein;
Und ich kann frölich seyn und scherzen,
Kann jeder Blum' und jedes Blatts mich freun.
Nachtigall, Nachtigall, ach!
Sing mir den Amor nicht wach!

☞ **Aelteste Urkunde des Menschengeschlechts I. Th. Eine nach Jahrtausenden enthüllte heilige Schrift. II. Th. Schlüssel zu den heiligen Wissenschaften der Egypter. III. Th. Trümmer der ältesten Geschichte des niedern Asiens.**

Ein orientalischer Laut ist ein Laut aus Orient, und in Orient waren bekanntermassen die 5 Pforten am Menschen in vollem Besitz aller ihrer Gerechtsame, und man hatte nicht den Mark aus den Knochen der Sinne und Imagination durch landsübliche Abstraction herausgezogen; schlug nicht die Natur übern Leisten eines Systems, und reckte sie nicht darüber aus; löste sie nicht zu einem leichten Aetherduft auf, der zwar die Windmühle der allgemeinen Vernunft behende umtreibt, übrigens aber nicht Kraut noch Pflanzen wachsen machen kann;

sondern in Orient hielt man unsers lieben Herrn
Gotts Natur, wie sie da ist, in Ehren; ließ ihre
Eindrücke sanft eingehen, und bewegte sie in seinem
Herzen; in Orient präsidirten bekanntermaßen über
Sonn' und Mond, Morgenroth und Berg und Baum
und ihre Eindrücke, Geister, die den zarten einfäl=
tigen Menschen durchwandelten und lehrten, und
sein Herz mit Wallung füllten, die mehr werth
war, als alle Q. E. D. — —s, die, seitdem jene
Geister von der Philosophie ihre Dimißion in Gna=
den erhalten haben, an ihrer Statt wieder Mode
geworden sind; in Orient lehrte man durch Bilder;
u. s. w. Ein dergleichen orientalischer Laut ist nun
diese Schrift, und ist, man mag dem Verfasser
Recht geben wollen oder nicht, immer eine schöne Er=
scheinung hoch in der Wolke und ein Weben des Genies.

Sie betrift aber die Schöpfungsgeschichte Moses,
die unser Verfasser auf Adlerflügeln von einem neuen
und äusserst simpeln Mechanismo aus allem Bedruck
der tausend und tausend Ehren=Schändungen und
Ehren=Rettungen und Commentations und Ehren=
Erklärungen allerley gelehrter Zünfter und Hand=
werker heimholen, oder vielmehr auf ihren eignen
Flügeln, die ihr bisher niemand angesehen hat,
selbst heimfliegen lassen will, wie folget. Nur noch
vorher eine Gloße:

»Diese Analogie des Menschen zum Schöpfer
»ertheilt allen Creaturen ihr Gehalt und ihr Ge=
»präge, von dem Treue und Glauben in der
»ganzen Natur abhängt. Je lebhafter diese Idee

"das Ebenbild des unsichtbaren Gottes, in
"unserm Gemüth ist; desto fähiger sind wir, Seine
"Leutseligkeit in den Geschöpfen zu sehen und zu
"schmecken, zu beschauen und mit Händen zu
"greifen. Jeder Eindruck der Natur in den Men=
"schen ist nicht nur ein Andenken, sondern ein
"Unterpfand der Grundwahrheit: wer der HERR
"ist. Jede Gegenwürkung des Menschen in die Crea=
"tur ist Brief und Siegel von unserm Antheil an
"der göttlichen Natur, und daß wir Seines
"Geschlechts sind.« Diese Glosse eines alten
Rhapsodisten und Schriftgelehrten mag die Seele
der Leser zur Fassung der wahren Idee der Urkunde
in Bewegung setzen, zumal gesagt wird, daß darin
viel Finsterniß und Dunkel sey. Und nun zum Werk:

Einige Herren Deisten also und Chinesische Spitz=
köpfe haben aus Aristoteles Organon, Graf Wel=
lings Salzlehre, Descartes Mathematick, Wolfens
Experimental=Physick, Gerikens Luftpumplehre ꝛc. ꝛc.
ein Heer von Einwendungen und Zweifeln ausge=
rüstet, in der Mosaischen Schöpfungsgeschichte einen
Riß zu machen; so hätte zum Exempel am ersten
Tage nicht Licht da seyn sollen, und die Sonne
drey Tage zu spät kommen; so hätte der dritte Tag
der Welt nicht Gras, Bäume, Laub und Kraut ge=
ben, und am vierten erst das Firmament gebaut
werden sollen u. s. w. — und einige Herren Theolo=
gen, und Philosophische Breitköpfe haben ihnen, aus
Gerikens Luftpumplehre, Wolfens Experimental=
Physick, Descartes Mathematick, Graf Wellings

Salzlehre, Aristoteles Organon ꝛc. ꝛc. ein Heer von
Antworten und Auflösungen entgegen gestellt, und
dadurch den Riß noch grösser gemacht, angesehen
Moses Schöpfungsgeschichte weder nach Aristoteles
Organon, noch Gerikens Luftpumplehre, noch Des=
cartes Mathematick, noch Graf Willings Salzlehre,
noch Wolfens Experimental=Physick abgezirkelt ist,
und also nicht darnach angefochten, noch gerechtfer=
tigt werden soll noch muß. Wenn aber die Schöp=
fungsgeschichte Moses noch von keinem gerechtfertigt
worden ist, so ist das nicht die Schuld des Schlosses,
sondern des Schlössers. Sie bedarf keiner so künst=
lichen Rechtfertigung, und schwebt auf Flügeln der
Morgenröthe über alle Einwendungen und Zweifel
hoch daher und triumphirt. So nämlich: Gott
wollte den unverdorbenen Uhrahnen offenbaren, daß
Er Himmel und Erde, und alles das Gute und
Schöne, was sie an Himmel und Erde um sich sa=
hen, erschaffen habe, und, weil die ersten Menschen
Sinne und Leidenschaften waren, und Sinne und
Leidenschaften, wie der Rhapsodist sagt, nichts als
Bilder reden noch verstehen, so knüpfte Gott seine
Offenbarung an die Morgenröthe, das schönste und
freundlichste Bild unterm Himmel, das allen Völkern
der Erde aufgeht, und sie jeden Morgen an die
Offenbarung, und an ihren Schöpfer und Vater —
gnädig, barmherzig und von großer Güte — mit
Kraft und Leben erinnern könnte; oder vielmehr,
Gott webte diese seine Offenbarung in die Buch=
staben der Morgenröthe, ins röthliche dramatische

Gewand der Tagwerdung, daß sie zugleich in und mit der Schöne des Gewandes dem Menschen sinn=lich würde, und ihm tief in Auge und Herz fal=len sollte. Nach diesem Gesichtspunkt fallen die Ein=wendungen und Zweifel von selbst weg, und alles geht natürlichen Gang, wie ein jeder, der Augen hat, alle Morgen sehen kann. Licht kommt vor der Sonne, Gras und Laub sieht er vor Sonne u. s. w. Aber wozu nun die Abtheilung in sechs Tage, und der Sabbath am siebenden? Ist offenbar, sagt un=ser Verfasser, Institut der Arbeit und Ruhe, und das Gebot an den Menschen: »Sechs Tage sollt du arbeiten und am siebenden ruhen,« in die Schöp=fung der Welt verwebt, und in stillem belehrenden Beyspiel gegeben; denn Gott, dessen Bild und Gleichniß und Repräsentant der Mensch auf Erden seyn soll, schuf sechs Tage die Welt und ruhete am siebenden. Ausserdem aber ist diese Abtheilung in sieben wahrscheinlich auch ein Hieroglyphisches Spiel=zeug für die mechanische Einbildungskraft und Kin=deshand des jungen Menschengeschlechts, ad modum der äußerlichen Gestalt des Menschen, den man, ohne ein Narr zu seyn, wie viele Narren die ihn so genannt haben, Mikrokosmus nennen kann, die aber von äufferst wichtigen Folgen fürs menschliche Geschlecht war, weil Simbolic, Zeitrechnung, Na=turlehre, und, mit einem Wort, die ältesten wich=tigsten Künste und Wissenschaften des menschlichen Geschlechts aus ihr, als einem Fingerzeig Gottes zu dem allen, herkommen sind ꝛc. siehe p. 112 sq. Diese alte Vaterurkunde und Offenbarung Gottes ist nun in den Religionen aller alten Völker mehr oder minder nationalisirt, verstellt und verstümmelt worden, ist aber in den übriggebliebenen Fragmenten noch sichtbar; und das, und dahin erklärt der zweyte und dritte Theil unsers Products, was wir von den Aegyptern und den Völkern Niedcrasiens wissen, und was bisher zum Theil sehr anders erklärt worden ist ꝛc.

Der Kuß, (*) oder die Aehnlichkeiten in den verschiedenen alten Religions=Fragmenten, und der gute Geruch der Zahl sieben ꝛc. sind ohne Zweifel kein Spiel des Zufalls und haben ohne Zweifel eine Ursache. Wo die aber zu suchen sey, da wo unser Verfasser sie gefunden hat, oder im Schematismus des Universi und in den vestigiis creaturae a creatore impressis? das läßt der Recensent dahin gestellt seyn. Er gehört überhaupt zu einer gewissen Classe eclectischer Mystiker, die immer an den heiligen Parabeln und Hieroglyphen des Alterthums käuen und wiederkäuen, und mit einer Emulsion, die sich so gar leicht ergiebt, ex officio nicht befriedigt seyn dürfen. Bey dem allen kann er aber doch nicht umhin, des Verfassers Idee und sonderlich ihre Aus= und Durchführung, so weit es nämlich mit der bekannten Regel nil admirari bestehen kann, zu bewundern; bey vielen Winken und Seitenblicken durchs ganze Buch, wie beym Anblick der Wahrheit, auf= zujauchzen; und wegen des Unterrichts von der Mor=

*) Mutii Pansae OSCULUM Christianae et ethnicae religionis.

genröthe, p. 78. ꝛc. und wegen einiger andern Stellen dem Verfasser zugethan zu seyn.

Schließlich ist noch zu merken, daß die Sprache in diesem Buch nicht sey wie ein gewöhnlich Bette, darin der Gedankenstrom ordentlich und ehrbar hinströmt, sondern wie eine Verwüstung in Damm und Deichen.

Die Mutter bey der Wiege.

Schlaf, süsser Knabe, süß und mild!
    Du deines Vaters Ebenbild!
Das bist du; zwar dein Vater spricht,
    Du habest seine Nase nicht.

Nur eben itzo war er hier
    Und sah dir ins Gesicht,
Und sprach: Viel hat er zwar von mir,
    Doch meine Nase nicht.

Mich dünkt es selbst, sie ist zu klein,
    Doch muß es seine Nase seyn;
Denn wenn's nicht seine Nase wär,
    Wo hätt'st du denn die Nase her?

Schlaf, Knabe, was dein Vater spricht,
    Spricht er wohl nur im Scherz:
Hab' immer seine Nase nicht,
    Und habe nur sein Herz!

Wandsbeck,

Eine Art von Romanze,

von

Asmus pro tempore Bothe

daselbst.

Mit einer Zuschrift

an den

Kaiser von Japan.

Sire,

Sie werden verzeihen, daß ich Ihnen eine Schrift zueigne, die Ew. Mt. auf keine Art und Weise interessiren kann. Ich ahme hierin einen Gebrauch meines Landes nach, und erwarte in tiefster Unterthänigkeit, daß Ew. Mt. meine Kühnheit allergnädigst vermerken, meine Schrift aber nicht ansehen noch lesen werden. Selbst bin ich niemals in Ew. Mt.

Reichen und Landen gewesen, dürfte auch, da Ew. Mt. so merklich weit weg von hier zu seyn geruhen, schwerlich jemals anders als in dieser Zueignungsschrift mich zu Höchstdero Füssen zu legen die Gelegenheit haben. Sollte Ew. Mt., etwa durch Ihren Hofmarschall oder sonst einen Gelehrten Ihres Hofes, die Anmerkung zu Ohren kommen, daß meine Verse ziemlich nachläßig hingeworfen sind; so bitte ich in Gnaden zu bedenken, daß sie so nachläßig hingeworfen seyn sollen, und daß ich dabey auf den Hofmarschall nicht gerechnet, mich auch in dieser Zueignungsschrift aller mir sonst üblichen Elisions enthalten habe.

Der ich übrigens nicht ermangeln werde, mit aller der Achtung zu verharren, die man einem Regenten schuldig ist, der über ein so kluges und glückliches Volk regiert, als ich von Ew. Mt. in Büchern gelesen habe,

Ew. Mt.

ꝛc.

* * *

Gesetzt du wärst, dich zu erfreun
    Und ob des Leibes Stärke,
In Hamburg (Fleisch und Fisch und Wein
    Sind hier sehr gut, das merke!)

Und hättest Wandsbeck Lust zu sehn,
    Und bist nicht etwa Reiter;
So mußt du aus dem Thore gehn,
    Und so allmählig weiter.

Zu Wagen kannst du freylich auch,
    Das kann dir Niemand wehren;
Doch mußt du erst nach altem Brauch
    Des Fuhrmanns Meynung hören;

Und wenn der nichts dagegen hat,
    So hab' ich nichts zu sagen.
Reit' oder geh, doch in der That
    Am Besten ist's zu Wagen.

Nur siehe fleißig vor dich hin,
    So wirst du schaun und sehen
Da einen Wald, wo mitten d'rin
    Lang Thurm und Häuser stehen.

Ad Vocem Thurm fällt mir gleich ein,
   Daß einst im Pisa=Lande
Mit dreyen Kindern, jung und fein!
   Ein Mann von hohem Stande

Verriegelt worden jämmerlich,
   's ist schrecklich zu erzählen
Wie da der Alte mußte sich,
   Wie sich die Kinder quälen.

Wer nicht versteht Reim und Gedicht
   Kann ihre Quaal nicht sprechen:
Sie saßen da, und hatten nicht
   Zu beißen, noch zu brechen,

Und hatten Hunger —— ach, der Tod
   War hier Geschenk und Gabe.
Drey Tage lang bat Gaddo Brodt,
   Dann starb der arme Knabe.

Um seine kleine Leiche her
   Wankt Vater, wanken Brüder,
Und starben alle so wie er
   Nur später — aber wieder

Zu kommen auf den Thurm im Wald,
   Den du thust schaun und sehen;
So merke nun auch, was gestalt
   Mit dem die Sachen stehen.

Erst, ist in ihm kein Hunger=Wurm,
　　Dann ist da, zweytens, Lehre,
Und kurz und gut, es ist der Thurm
　　Von unsrer Kirche, höre,

Wo unser Pastor Predigt hält,
　　Und unser Küster singet,
Und uns ein Wunsch nach jener Welt
　　Durch Mark und Beine bringet.

Ja, Kirche und Religion — —
　　Sie haben's groß Gezänke,
Viel haben's Schein, viel ihren Hohn
　　Und lachen d'rob, man denke!

Und ist doch je gewißlich wahr,
　　Daß sie es nicht verstehen;
Und daß sie alle ganz und gar,
　　Was d'rinnen ist, nicht sehen.

Der Augenschein lehrt's jedermann:
　　"Wer so viel schöne Gaben
"Für Ohr und Auge geben kann,
　　"Muß auch was Bessers haben —

"Der Mann mit Mondstrahl im Gesicht
　　"Wird's suchen, und wird's finden,
"Doch jedem Narren muß man's nicht
　　"Gleich auf die Nase binden."

Schön ist die Welt, schön unsre Flur,
　　Und unser Wald vor allen
Ist schön, ein Liebling der Natur,
　　Voll Freud' und Nachtigallen.

Und wer uns widersprechen will,
　　Der komm' und hör' und sehe,
Und seh' und hör' und schweige still,
　　Und schäme sich, und gehe!

Viel grosse Kunst ist zwar nicht hier,
　　Wie in Rom und Egypten;
Doch haben wir Natur dafür,
　　Die auch die Alten liebten,

Und der läßt man hier ihren Lauf,
　　Und folget ihren Winken,
Und stutzet sie ein wenig auf
　　Zur Rechten und zur Linken.

Und so ward endlich unser Wald,
　　Wo man bald Saatfeld siehet,
Bald wilder Waldwuchs ist, und bald
　　Ein Musa=Pisang blühet,

Und bald durch Oefnungen, mit List
　　Im Walde ausgehauen,
Die grosse Stadt zu sehen ist,
　　Voll Männer und voll Frauen,

Und bald, und bald —— ein Dichtermann
   Der würd' es recht beschreiben;
Weil ich nun aber das nicht kann,
   So muß ich's lassen bleiben.

Genug, ein jeder drängt heraus,
   Zu leben hier und sterben,
Und baut sich hier ein kleines Haus
   Für sich und seine Erben.

Die Mode, welche Städter zwängt,
   Ist hier gehaßt, wie Schlangen,
Und hoch an unsern Eichen hängt
   Bocks=Beutel aufgehangen,

Und wer hier kömmt, sey wer er sey,
   Nur habe er Ducaten,
Ist ganz sein eigner Herr, und frey,
   Und mag sich selber rathen,

Und singen, springen kreuz und queer,
   Ohn' allen Zwang und Wächter.
Auch sieht man hier von ohngefähr
   Hammona's schöne Töchter,

Wenn sie in Negligee und Pracht,
   Darin sie Herzen nehmen,
Von Morgen an bis in die Nacht
   Durch unsre Gänge strömen.

Und Tycho-Brah, —— bald hätt' ich gar
    Herrn Tycho-Brah vergessen, ——
Der hier vor mehr als hundert Jahr
    Den Himmel hat gemessen.

Er selber zwar ist hier nicht mehr,
    Er hat längst ausgemessen,
Doch sieht man noch zu seiner Ehr
    Den Thurm, wo er gesessen.

Der Thurm ist uns ein Heiligthum,
    Vor dem uns Abends grauet.
Er war von vielem Alter krumm,
    Ist aber neu gebauet,

Daß er nicht thäte einen Fall,
    Nun will er auch wohl stehen.
Wir aber wollen den Canal
    Sammt Wendemuht besehen.

Doch Freundinn Luna kömmt daher!
    Empfangt mich Büsch' und Bäume! —
Ihr stilles Zauberwort ist mehr
    Als hundert tausend Reime.

                                          *

☞ **Die Leiden des jungen Werthers.**
Erster und zweyter Theil. Leipzig, in der Weygandschen Buchhandlung. 1774.

Weiß nicht, ob's 'n Geschicht oder 'n Gedicht ist; aber ganz natürlich gehts her, und weiß einem die Thränen recht aus 'm Kopf heraus zu holen. Ja, die Lieb' ist 'n eigen Ding; läßt sich's nicht mit ihr spielen, wie mit einem Vogel. Ich kenne sie, wie sie durch Leib und Leben geht, und in jeder Aber zuckt und stört, und mit 'm Kopf und der Vernunft kurzweilt. Der armer Werther! Er hat sonst so feine Einfälle und Gedanken. Wenn er doch eine Reise nach Pareis oder Pecking gethan hätte! So aber wollt' er nicht weg von Feuer und Bratspieß, und wendet sich so lange bran herum, bis er caput ist. Und das ist eben das Unglück, daß einer bey so viel Geschick und Gaben so schwach seyn kann, und darum sollen sie unter der Linde an der Kirchhofsmauer neben seinem Grabhügel eine Grasbank machen, daß man sich brauf hinsetze, und den Kopf in die Hand lege, und über die menschliche Schwachheit weine. — Aber, wenn du ausgeweint hast, sanfter guter Jüngling! wenn du ausgeweint hast; so hebe den Kopf frölich auf, und stemme die Hand in die Seite! denn es giebt Tugend, die, wie die Liebe, auch durch Leib und Leben geht, und in jeder Aber zuckt und stört. Sie soll, dem Vernehmen nach, nur mit viel Ernst und Streben errungen werden, und deswegen nicht sehr bekannt und beliebt seyn; aber wer sie hat, dem soll sie auch dafür reichlich lohnen, bey Sonnenschein und Frost und Regen, und wenn **Freund Hain** mit der Hippe kommt.

*

Fritze.

Nun mag ich auch nicht länger leben,
Verhaßt ist mir des Tages Licht;
Denn sie hat Franze Kuchen gegeben,
Mir aber nicht.

☞ Diogenes von Sinope.
Leipzig, bey Weidemanns Erben und Reich.

Mann im zerrissenen Mantel, mit der ruhigen Miene! ich stehe eifersüchtig an deiner Tonne, und, wenn die verwünschte Kluft zwischen Ideen und Empfindungen nicht wäre, so schiene Morgen die Sonne, wenn sie aus dem Meer steigt, in zwo Tonnen.

Ich bin sehr aufrichtig, wie du siehst, Diogenes! Die andern zeigen dir bloß ihre brillanten Theile, das mulier formosa Superne, eine volle Brust, einen schönen süßschwatzenden Mund, ein freundliches

Complimentirgesicht ꝛc. und ich, meine partes pudendas, das desinit in atrum piscem, meine schweren podagrischen Füsse, die ich nachschleppen muß und die meinen Entschlüssen den Hals brechen. Dein Ausleger, so richtig und beredt sein Mund spricht, (seine Füsse sind unterm Mantel verborgen) predigt in den Wind. Es ist wohl kein Mensch in Athen, der nicht in gewissen Stunden das Schaale der erkünstelten eingebildeten Bedürfnisse, und die Dornen im Labyrinth der Leidenschaften fühlen, und oft darüber ein sauer Gesicht machen, und an deine Tonne denken sollte; aber was hilft der blosse Gedanke des Kopfs? Fußsalbe, Mann von Sinope! —

Von meinem Freund Virgilius.

Er hat, ausser manchen andern Gaben, auch sonderlich eine gute Gabe die Gedankenstriche a propos anzubringen; und n' Gedankenstrich am rechten Orte hat sein Verdienst. So sagt er z. E.

   Speluncam devenere eandem ———

's soll Dichter geben, die sich in solchen Fällen nicht an dem Strich begnügen können und weiter sprechen müssen, die ihren Kopf von Geschmack und Schöngeisterey so voll haben, sagt mein Vetter, daß sie wähnen, man dürf' alle Sitt' und Ehrbarkeit aufopfern, dürfe der ohnehin mit mancherley Lüsten be-

ladenen Weiblein auf keine Weiſe ſchonen, und ihre
Schamhaftigkeit und Tugend frech' und ungeſcheut
irre machen, wenn 's nur in ſchöner Proſa oder in
ſchönen Verſen geſchieht.

Sollten's nicht thun; 's iſt doch nicht übel,
ſchamhaftig und tugendhaft ſeyn.

*

Als der Hund todt war.

Alard iſt hin, und meine Augen flieſſen
   Mit Thränen der Melancholie!
Da liegt er todt zu meinen Füſſen!
   Das gute Vieh!

Er that ſo freundlich, klebt' an mich wie Kletten,
   Noch als er ſtarb an ſeiner Gicht.
Ich wollt' ihn gern vom Tode retten,
   Ich konnte nicht.

Am Eichbaum iſt er oft mit mir geſeſſen,
   In ſtiller Nacht mit mir allein;
Alard, ich will dich nicht vergeſſen,
   Und ſcharr dich ein

Wo du mit mir oft ſaßſt, bey unſrer Eiche,
   Der Freundin meiner Schwärmerey. —
Mond, ſcheine ſanft auf ſeine Leiche!
   Er war mir treu.

Ueber die Musik.

Der Mann, der zuerst beym Gottesdienst Musik hören ließ, hatte wohl nicht die Absicht, sich dem Publico als Componisten zu empfehlen; so wenig der Prophet Nathan durch seine Fiction von dem einzigen Schaaf des armen Mannes den Namen eines guten Fabeldichters verdienen, und Abraham ein Wundarzt seyn wollte, als er nahm seinen Sohn Ismael, und alle Knechte, die daheim gebohren waren, und alle, die er erkauft, und alles, das Mannes Namen waren in seinem Hause, und beschnitte die Vorhaut an ihrem Fleische. Er war ohne Zweifel ein Mann von hoher Einsicht und Gesinnung, und ein Freund und Vater seines Volks.

Die ersten Dichter jeder Nation sollen ihre Priester gewesen seyn; vielleicht geriethen diese auch zuerst auf die Erfindung, ihren Gesängen durch Saitenspiel mehr Eingang und Kraft zu geben. Die Musik mag indeß am Altar entsprungen, oder in die Tempel eingeführt worden seyn; so muß man hier den Zeitpunkt annehmen, darin sie ohne alle eigne Gerechtigkeit war, und in Knechtsgestalt Wunder that.

Am Hofe zu Jerusalem ward nicht allein des Herrn Gnade des Morgens und des Nachts seine Wahrheit verkündigt auf den zehen Saiten und mit Spielen auf der Harfe; es ward nicht allein nach einem Sieg wider die Philister ein Te Deum aufge=

führt mit der Githit, und Gott hoch gepriesen mit Posaunen, Psalter und Harfen, mit Paucken und Reigen, mit Pfeiffen und Saiten, mit hellen Cymbeln und mit wohlklingenden Cymbeln; sondern der König David ließ auch sein Angstgebet in sehr traurigen und kritischen Situationen, und auch die Bußsoliloquia seiner sehr erschrockenen Seele, die er glaubte, auf acht Saiten vorsingen. Wie solche Nachrichten uns über die Endzwecke der Musik überhaupt klug machen können, so lassen sie uns zugleich auf ihre Gestalt in den Morgenländern und auf die Idee schliessen, die man von ihr hatte.

Der Anecdote zufolge, daß die Musik anfänglich in Griechenland allein beym Lobe der Götter und Helden und bey Erziehung der Jugend gebraucht worden, ist sie vermuthlich in dieser göttlichen Einfalt und unerkannten Schönheit aus Orient zu den Griechen gekommen, die auch in diesem Stück ἀεὶ παιδες waren, und so lange daran feinerten und feilten, bis sie eine schöne Kunst daraus gemacht hatten.

In dem Lande, wo die Dichter in Nachahmer und Schmeichler der herrschenden Neigungen, und Weise in Professores der Dialectick ausarteten, ward die Musik, aus einer heiligen Nonne, eine verzärtelte liederliche Dirne, welche die Vermahnungen Plato's und anderer verständigen Männer in den Wind schlug, sich bey aller Gelegenheit sehen ließ, und um öffentliche Preise und den Beyfall des wollüstigen griechischen Ohrs buhlte. Sie war nun gar nicht

mehr, was sie gewesen war, der schlechte Zauber=
stab in der Hand des Götterboten:

— — hac animas ille euocat Orco
Pallentes, alias sub tristia Tartara mittit,
Dat somnos adimitque et lumina morte
resignat.

Die Musik eines griechischen Virtuosen, der in den
Pythischen und andern Spielen mehr als einmal den
Preiß erhalten hatte, verhält sich zu einem Psalm
Davids ohngefähr wie ein Solo eines leichtfüßigen
Gecken, der aber ein grosser Tänzer ist, zu dem
Tanz des Mann Gottes vor der Bundeslade her,
deswegen er von der Michal allerhand bittre Cri=
tiquen anhören mußte. Plutarch sagt, daß man
sich zu seiner Zeit gar nicht einmahl einen Begriff
mehr von der alten Musik machen konnte, die Jüng=
linge zu guten Bürgern bildete, und schiebt die
Schuld aufs Theater. Zwar gab es auch Musiker,
die zu Delphis nicht zur Wette mitspielen wollten,
weil sie beßre Absichten hatten; und gemeiniglich
waren diese Dichter und Musikus zugleich. In Ly=
curgs Leben wird von einem Thales, nicht der
aus dem Siebengestirn der Weisen, sondern ein Ly=
rischer Dichter und Musikus aus Creta, erzählt,
wie folget: »Seine Gesänge waren durch ihren
»sanftgeordneten, wohlklingenden Gang sehr einneh=
»mend, und munterten auf zum herzlichen Gehorsam
»und zur Eintracht. Wer sie hörte, ward wider
»sein Wissen und Willen gerührt und sanfter ge=
»macht; sein Herz ward ihm warm für die Tugend

„und vergaß des Neides schier, der es bisher be=
„sessen hatte; daß man auf gewisse Weise sagen
„kann, dieser Thales habe dem Lycurg vorge=
„arbeitet, und die Bahn gebrochen, die Spartaner
„auf bessern Weg zu bringen."

Die Römer sind in Absicht auf die Musik weni=
ger anzuklagen als die Griechen; zu ihnen kam sie aus
Griechenland, und die Griechen hatten sie aus Orient.

Bey den übrigen Abendländern und nordischen
Völkern gieng die Musik noch lange nach Christi Ge=
burt, unter Aufsicht der Priester, mit in den Krieg
und gewann Schlachten fürs Vaterland. Man hatte
schon in Griechenland mit gutem Erfolg Versuche
gemacht, ihrer unsichtbaren Gewalt diese Richtung
zu geben, jedoch ohne den Deutschen, die sich um
Griechenland und seine Cultur wenig bekümmerten,
ein Muster, das sie nachahmten, hierin gegeben zu
haben. Die Priester der Deutschen bedurften auch
eines solchen Musters nicht, um von der Musik nach
den Umständen und Bedürfnissen der Nation verschie=
dene Anwendungen zu machen. Es mögen übrigens
ben Römern, die an die molliores und delicatiores
in cantu flexiones, wie Cicero sich ausdrückt, ge=
wohnt waren, die rauhen Allegro's der Deutschen
sonderbar vorgekommen seyn, und sie werden, als
sie die Würkungen der deutschen Musik unter Varus
erfahren hatten, ihren Regiments= und Compagnie=
Feldscheers über Herrmanns Hofcapelle und über
die wilde Chromatik seiner Hoboisten sicherlich aller=
hand spöttische Anmerkungen gemacht haben.

In den folgenden Jahrhunderten nach Christi Geburt muß die Musik, auch als Tonkunst, verfallen seyn. Man spricht um die Zeiten von Wiederherstellern und Verbesserern der Musik und führt zum Beweis Dinge an, die ehedem jedem Pfuscher bekannt waren, ohne ihm Verdienst zu geben. Es ist sehr wahrscheinlich, daß in den unruhigen Zeiten die Musik, wie die Gelehrsamkeit, in die Klöster geflüchtet sey, wo sie auch itzo noch vielleicht die besten Dienste thut, wenn sie da einen unzufriedenen traurigen Mönch, der lange mit seinem Gram heimlich kämpfte und auf dem Wege war, seinen Vater und den Tag seiner Geburt zu verfluchen, wenn sie den besänftigen, und seine Seele zu dem grossen Entschluß: sich selbst zu überwinden, empor streben hilft, oder wenn sie einer jungen Nonne, die wider die Theorie von Verleugnung der Welt unüberwindliche Zweifel fühlt, über eine Neigung, die in einem Nonnenkloster von rechtswegen nicht befriedigt werden kann, den Sieg erleichtert.

Beym Gottesdienst in Rom versuchte die Musik von Zeit zu Zeit naseweiß und muthwillig zu werden, daß auch verschiedene Päbste sich gemüßigt fanden, ihrem Muthwillen in Triolen und Trillern ꝛc. Schranken zu setzen. Pabst Marcellus II. wollte sie aus der Ursache gar vom Altar verbannen, aber Palestrina versöhnte ihn noch durch eine Messe wieder, die ohne allen Muthwillen langsam und andächtig einhergeht, ihr Auge unbeweglich gen Himmel richtet, und in jedem Schritt das Herz trift.

Heut zu Tage empfehlen sich besonders die Deutsche und Italienische Musik durch hervorragende Eigenschaften. In beyden haben wir trefliche Meisterstücke, und grosse Meister, die den Ruhm verdienen, daß sie durch ihre Harmonie und Melodie den Vogel auf der Spitze des Scepters in der hohen Hand Jupiters einschläfern können. Wem es aber von den Göttern aufbehalten ist, die Musik in Einfalt und Kraft wieder einzuführen, der bedarf eines solchen Ruhmes nicht; ihn wird Apollo seinen Freund nennen, und sein unerkanntes Verdienst durch zwey lange Gliedmaßen unter Midas Locken rechtfertigen.

Ein Lied,

nach der Melodie: My mind a kingdom is, in den *Reliquies of ancient Poetry.*

Ich bin vergnügt, im Siegeston
 Verkünd' es mein Gedicht,
Und mancher Mann mit seiner Kron
 Und Scepter ist es nicht.
Und wär' er 's auch; nun, immerhin!
Mag er 's! so ist er, was ich bin.

Des Sultans Pracht, des Mogols Geld,
 Des Glück, wie hieß er doch,
Der, als er Herr war von der Welt,
 Zum Mond hinauf sah noch?

Ich wünsche nichts von alle dem,
    Zu lächeln drob fällt mir bequem.

Zufrieden seyn, das ist mein Spruch!
    Was hülf mir Geld und Ehr?
Das, was ich hab', ist mir genug,
    Wer klug ist wünscht nicht sehr;
Denn, was man wünschet, wenn man's hat,
    So ist man darum doch nicht satt.

Und Geld und Ehr ist obendrauf
    Ein sehr zerbrechlich Glaß.
Der Dinge wunderbarer Lauf,
    (Erfahrung lehret das)
Verändert wenig oft in viel,
    Und setzt dem reichen Mann sein Ziel.

Recht thun, und edel seyn und gut,
    Ist mehr als Geld und Ehr;
Da hat man immer guten Muth
    Und Freude um sich her,
Und man ist stolz, und mit sich eins,
    Scheut kein Geschöpf und fürchtet keins.

Ich bin vergnügt, im Siegeston
    Verkünd' es mein Gedicht,
Und mancher Mann mit einer Kron
    Und Scepter ist es nicht.
Und wär er 's auch; nun, immerhin!
    Mag er 's! so ist er was ich bin.

☞ Oden.
Hamburg, bey J. J. C. Bode.

Nein, Verse sind das nicht; Verse müssen sich reimen, das hat uns Herr Ahrens in der Schule gesagt. Er stellte mich vor sich hin, als er 's uns sagte, und zupfte mich an 'n Ohren und sprach: Hier 'n Ohr, und hier 'n Ohr, das reimt sich; und Verse müssen sich auch reimen. Ich kann auch wohl zwey hundert Vers' in einer Stund lesen, und 's sicht mich sehr oft nicht mehr an, als wenn ich durch Wasser wate, auch spielen ein'm die Reime wie Wellen an 'n Hüften; hier aber kann ich nicht aus der Stell', und 's ist mir, als ob sich immer Gestalten vor mir in 'n Weg stellten, die ich ehedem im Traum gesehn habe. Zwar ist 's gedruckt, wie Verse, und 's ist viel Klang und Wohllaut d'rin, aber 's können doch keine Verse seyn. Ich will 'nmahl meinen Vetter fragen. ――

's sind doch Verse, sagt mein Vetter, und fast 'n jeder Vers ist ein kühnes Roß mit freyem Nacken, das den warmgründigen Leser von Fern reucht und zur Begeistrung wiehert. Ich hatte von Herr Ahrens gehört, Verse wären so 'n brausendes Schaumwesen, das sich reimen müßte; aber Herr Ahrens, Herr Ahrens! da hat Er mir was weiß gemacht. Mein Vetter sagt, 's muß gar nicht schäumen, 's muß klar seyn, wie 'n Thautropfen, und durchdringend, wie 'n Seufzer der Liebe, zumal in dieser Thautropfenklarheit und in dem warmen Odem des

Affects das ganze Verdienst der heutigen Dichtkunst
bestehe. Er nahm mir 's Buch aus der Hand und
las S. 41. aus dem Stück, der Erbarmer:

—— O Worte des ewigen Lebens!
So redet Jehovah:

Kann die Mutter vergessen ihres Säuglings,
  Daß sie sich nicht über den Sohn ihres Leibes erbarme?
Vergäße sie sein;
  Ich will dein nicht vergessen!

Preiß, Anbetung, und Freudenthränen und ewiger Dank,
  Für die Unsterblichkeit!
Heißer, inniger, herzlicher Dank,
  Für die Unsterblichkeit!

  Hallelujah in dem Heiligthume!
  Und jenseit des Vorhangs
  In dem Allerheiligsten Hallelujah!
  Denn so hat Jehovah geredet!

»Schäumt das, Vetter? und wie wird euch da=
bey?« — Wie mir wird? 's rührt sich auch ein
Hallelujah in mir, aber ich darf 's nicht aus=
sprechen, weil ich nur so 'n gemeiner schlechter
Kerl bin; ich möchte die Sterne vom Himmel reissen
und sie zu 'n Füssen des Erbarmers hinstreuen und
in die Erd' sinken. So wird mir! »Bravo! Vetter.
Das sind eben Verse, die euch so das Sternreissen
eingeben. Lest 's Buch ganz, 's wird euch schmecken,
und übrigens schämt euch des Hallelujah nicht,

das sich in euch rührt. Was gemein? bey Oden gilt kein Ansehn der Persohn; du oder ein König, einer wie der andre! Und, Vetter, der schönste Seraph in der feyerlichen schrecklichen Pracht seiner sechs Flügel ist nur ein gemeiner schlechter Kerl, wenn er vor Gott steht! Aber, wie gesagt lest 's Buch ganz." Hab 's gethan, und will erzählen, wie 's mir gangen ist. Wenn man 'n Stück zum erstenmahl liest, kömmt man aus dem hellen Tag in eine dämmernde Kammer voll Schilbereyen; anfangs kann man wenig oder nichts sehen, wenn man aber d'rin weilt, fangen die Schilbereyen nach und nach an, sichtbar zu werden und afficiren einen recht, und denn macht man die Kammer zu und beschließt sich darin, und geht auf und ab und erquickt sich an den Schilbereyen und den Rosenwolken und schönen Regenbogen und leichten Gratien mit sanfter Rührung im Gesicht u. s. w. Hie und da bin ich auch auf Stellen gestoßen, bey denen 's mir ganz schwindlicht worden ist, und 's ist mir gewesen, als wenn 'n Adler nach 'm Himmel fliegen will, und nun so hoch aufsteigt, daß man nur noch Bewegung sieht, nicht aber, ob der Adler sie mach', oder ob 's nur 'n Spiel der Luft sey. Da pfleg ich denn 's Buch hinzulegen, und mit Onkle Toby 'n Pfiff zu thun.

Auch über die Wortfügung in diesen Oden hab' ich oft meine eigne Gedanken, und über 's Metrum, und ich wollte drauf wetten, daß besondre Kniffe d'rin stecken, wer sie nur recht verstünde.

's Metrum ist nicht in allen Oden einerley; ja nicht; in einigen ist 's wie 'n Sturm, der durch 'n grossen Wald braust, in andern sanft wie der Mond wallt, und das scheint nicht von ohngefähr so gekommen zu seyn. S. 204.

Die frühen Gräber.

Willkommen, o silberner Mond,
    Schöner, stiller Gefährt der Nacht!
Du entfliehst? Eile nicht, bleib, Gedankenfreund!
    Sehet, er bleibt, das Gewölk wallte nur hin.

Des Mayes Erwachen ist nur
    Schöner noch, wie die Sommernacht,
Wenn ihm Thau, hell wie Licht, aus der Locke träuft,
    Und zu dem Hügel herauf röthlich er kömmt.

Ihr Edleren, ach es bewächst
    Eure Maale schon ernstes Moos.
O, wie war glücklich ich, als ich noch mit euch
    Sahe sich röthen den Tag, schimmern die Nacht.

Das wollt' ich wohl gemacht haben, oder auch bey den andern, unter ein'm Maal mit ernstem Moos bewachsen, schlafen, und da so 'n Seufzer eines guten Jungen hören, den ich im Leben lieb hatt'. Mein bisgen Asche würde sich im Grab' umkehren und mein Schatten durch 's Moos zu dem guten Jungen heraufsteigen, ihm eine Patschhand geben, und 'n Weilchen im Mondschein an seinem Halse zappeln.

Und die Rubra über die Stücke! ja die sind immer so kurz und wohl gegeben, und 'n gut Rubrum über 'n Stück ist wie 'n Mensch, der 'n gut Gesicht hat. Auch die Dedication ist brav, „an Bernstorf" und nichts mehr. Wozu auch so 'n langes Geleyre von Mecenas und Gnad' und gnädig? 's schmeckt dem grossen Mann nicht, und dem kleinen verbirbt's den Magen.

Ueberhaupt ist mir aus diesem Buch recht 'n Licht über Herr Ahrens und übers Versemachen aufgangen. Ich stelle mir den Dichter vor, als 'n schönen weichherzigen Jüngling, der zu gewissen Stunden plethorisch wird so besperat als wenn unser einen der Nachtmoor reitet, und denn tritt 'n Fieber ein, das den schönen weichherzigen Jüngling heiß und krank macht, bis sich die Materia peccans in eine Ode, Elegie oder des etwas secernirt; und wer ihm zu nah kommt, wird angesteckt.

Braga steigt herab durchs Laub der Eiche, zu schwängern die Seele des Vaterländischen Dichters, daß sie zu seiner Zeit ans Licht bringe eine reife kräftige Frucht; wer aber leichtfertig ist und mit 'n Ausländern buhlt, der legt Windeyer, und wird oft 'n Spiel der Franzosen.

Der Verfasser der Oden soll Klopstock heissen, möcht 'n doch wohl 'nmahl sehen.

Aus dem Englischen.

Es legte Adam sich im Paradiese schlafen;
Da ward aus ihm das Weib geschaffen.
Du armer Vater Adam, du!
Dein erster Schlaf war deine letzte Ruh.

Brief an Andres.

Mein lieber Andres.

Seine Astronomie hat Er wohl mit Haut und Haar wieder vergessen? Ich weiß noch, 's pflegt' Ihm hart einzugehn, was Herr Ahrens uns von Triangeln und Cirkeln vormachte, und doch mocht' ich Ihn damals schon lieber leiden. Herr Ahrens mußte wohl alles auf 'n Fingern, und Er konnte nichts begreifen; aber dagegen konnt' Er auch in Seiner Einfalt so 'ne ganze halbe Stund' einen hellen Stern ansehn und sich so in sich darüber freuen, und das konnte Herr Ahrens nicht, und darum mocht' ich Ihn lieber leiden, sieht Er! und darum schreib' ich Ihm auch diesen Brief, weil Uebermorgen Abend recht was schön's am Himmel zu sehn ist. 's wird nämlich der Abendstern eine Stund nach Sonnenuntergang, wenn reine Luft ist versteht sich, groß und hell am Himmel da stehen, im Westen, und dicht unter ihm zur Linken der Jupiter, und zur Rechten der Mond.

Wie das zusammenhängt, daß die drey schönen Himmelslichter so dicht neben einander stehen, das mag Herr Ahrens demonstriren; Er aber soll vor Seine Thür heraus treten, und nach meinem lieben Mond und den beyden freundlichen Sternen hinsehen, und, was Ihm, wenn Er nun so vor Seiner Thür steht und hinsieht, Andres, was Ihm dann durch 'n Sinn fahren wird, sieht Er! das gönnt Ihm Sein alter Schulkamm'rad, und davon weiß Herr Ahrens nichts.

Leb' Er wohl, Andres, und vergeß Er nicht die Thür zu riegeln, wenn Er wieder h'reingeht.

Den 11ten Febr. 1774.

Hinz und Kunz.

(Dem Gerichtshalter in — — gewidmet.)

K. Hinz, wäre Recht wohl in der Welt?
H. Recht nun wohl eben nicht, Kunz, aber Geld.
K. Sind doch so viele die des Rechtes pflegen!
H. Eben deswegen.

Fuchs und Bär.

Kam einst ein Fuchs vom Dorfe her,
Früh in der Morgenstunde,
Und trug ein Huhn im Munde;
Und es begegnet' ihm ein Bär.
»Ah! guten Morgen, gnäd'ger Herr!
»Ich bringe hier ein Huhn für Sie;
»Ihr Gnaden promeniren ziemlich früh,
»Wo geht die Reise hin?«
».Was heissest du mich gnädig, Vieh!
».Wer sagt dir, daß ichs bin?«
»Sah Dero Zahn, wenn ich es sagen darf,
»Und dero Zahn ist lang und scharf.«

☞ Bekehrungsgeschichte des — — — —

Der Mensch ist freylich mehr als Thier, aber er ist auch Thier und hat Thierische Zufälle. Das heißt, er hängt mehr oder weniger von seinem jedesmahligen Zustand ab, und an den sinnlichen Eindrücken, die ihm gegenwärtig sind, und urtheilt also, wenn der Zustand verändert wird und er andre Eindrücke erhält, von den vorigen anders, als er zuvor, wegen der Nähe, der Gewohnheit, und dem Tumult seiner

Sinne und Leidenschaften urtheilen konnte; oder: seine Denkart kann von einem Punkt der Peripherie zu dem entgegengesetzten übergehen und wieder zurück zu dem vorigen Punkt, wenn die Umstände ihm den Bogen dahin vorzeichnen. Und diese Veränderungen sind nicht eben etwas Grosses und Interessantes beym Menschen; aber jene merkwürdige catholische transcendentale Veränderung, wo der ganze Cirkel unwiederbringlich zerrissen wird und alle Gesetze der Psychologie eitel und leer werden, wo der Rock von Fellen ausgezogen, wenigstens umgewandt wird und es dem Menschen wie Schuppen von den Augen fällt, ist so etwas, daß ein jeder, der sich des Odems in seiner Nase einigermassen bewußt ist, Vater und Mutter verläßt, wenn er darüber etwas sichres hören und erfahren kann.

Fast alle Systeme, die Menschen sich von **gut** und **böse** machen, sind Ephemera, Kinder des gegenwärtigen Zustandes, mit dem sie auch wieder dahin sterben; und der Fall ist äusserst selten, daß einer dem System, das er sich gemacht hat, unter entgegengesetzten Umständen treu bleibe. Man kann daher allemahl sicher zehn gegen eins wetten, daß ein Delinquent, der auf den Tod sitzt, im Gefängniß andre Gesinnungen über **gut** und **böse** äussern werde, als er geäussert hat, eh' er hineinkam und als er noch in ofnem Meer schifte; und es wäre also ein mißliches Ding mit den Bekehrungsgeschichten, und ein recht gutes, daß die Religion zum Beweiß ihrer Wahrheit der Delinquenten und ihrer Geschichten allenfalls entbehren kann. Ueberhaupt ist nicht zu begreifen, wozu man sich mit den Freygeistern und Zweiflern so weitläuftig in Demonstrations abgiebt, und von ihrer Freygeisterey und Zweifelssucht so viel Aufhebens macht. Christus sagt ganz kurz: »Wer mein Wort hält, der wird inne werden, ob meine Lehre von Gott sey.« Wer diesen Versuch nicht machen kann oder nicht machen will, der sollte eigentlich, wenn er ein vernünftiger und billiger Mann wäre oder nur heissen wollte, kein Wort, weder wider noch für das Christenthum sagen; und ist er doch so schwach und eitel, daß er, wie Voltaire und Hume ꝛc. sein bischen Galanteriewaare zu Markt bringen muß, da könnte man ihn ungestört machen lassen und sich nach ihm nicht umsehen.

Kuckuck am Johannistage an seine Collegen.

Man rächt sich an dem Undank gern;
Doch hab ich mich genug gerochen,
Und mich von mir ganz satt gesprochen.
Ich hör nun auf Ihr Herr'n!

☞ **Discours sur les fruits des bonnes Etudes** — — — —

Die bonnes Etudes, ist der ewige Gesang, machen das Herz ihrer Verehrer, als Philosophen, Dichter ꝛc., gut und tugendhaft, denn Pythagoras, Socrates, Democrit, Homer ꝛc. waren gute und tugendhafte Männer — als ob Apollo mit seiner Leyer und Hans Sachse mit seinem Hackbrett Collegen wären, und wehe dem Leichtgläubigen, der sich darum auf die Gesinnungen eines Menschen verläßt, weil er gut demonstriren oder schöne Verse machen kann. Ja aber, sagt der Discours, der Mann ohne Wissenschaften, in dem Zustand der rohen Natur, schlägt gleich zu mit seiner Keule, wenn ihm jemand Leid thut, aber die bonnes Etudes machen die Sitten sanft. Ja aber, wenn die sanft gemachte und übertünchte Sitte dem Manne, der ihr Leid thut, heimlich Fußangeln legen, und, wenn er sie in den Fuß getreten hat, mit sanfter Höflichkeit ihr Beyleid bezeugen könnte? Da lieber den Schlag mit der Keule! Man weiß, woran man ist, theilt auch wohl nach Befinden der Umstände wieder aus, kurz es geht doch ehrlich her. Dies ist keinesweges so gemeint, als ob die bonnes Etudes, wie wir sie haben, nichts Gutes hätten. Dafür sey Jupiter und Minerva! Es läßt sich recht sehr viel Gutes von ihnen sagen, wie denn der Herr

Verfasser in diesem Discours mit einem leichten Fluß der Gedanken und Worte würklich recht sehr viel Gutes von ihrem Nutzen gesagt hat.

―――――

Grabschrift auf den Windmüller Jackson.

Hier liegt der Müller Jackson!
  Er lebte vom Winde mit lieben Weib und
      Knaben;
Es leben auch sonst noch viele davon,
  Die keine Mühle haben.

―――――

Ein Brief an den Mond.
No. 1.

Stille glänzende Freundin,

Ich habe Sie lange heimlich geliebt; als ich noch Knabe war pflegt' ich schon in den Wald zu laufen und halbverstohlen hinter 'n Bäumen nach Ihnen umzublicken, wenn Sie mit blosser Brust oder im Negligee einer zerrissenen Nachtwolke vorübergiengen. Einst Abends fragte ich, was Sie immer so unruhig am Himmel wären, und warum Sie nicht bey uns blieben. Sie hatte, ach! hub meine Mutter an und setzte mich freundlich auf ihren Schooß, sie hatte einen kleinen lieben Knaben, der hieß Endymion, den hat sie verlohren und sucht ihn nun allenthalben und kann den Knaben nicht wieder finden — und mir trat eine Thräne ins Auge. O, Madam! mir ist seitdem oft eine ins Auge getreten ——

Sie scheinen ein weiches schwermüthiges Herz zu haben. Der Himmel über Ihnen ist Tag und Nacht voll Jubel und Freudengeschrey, daß seine Schwellen davon erbeben, aber ich habe Sie nie in der frölichen Gesellschafft des Himmels gesehn. Sie gehen immer, allein und traurig, um unsre Erde herum, wie ein Mädchen um das Begräbniß ihres Geliebten, als wenn das Rauschen von erstickten Seufzern des Elendes, und der Laut vom Händeringen und das Geräusch der Verwesung Ihnen süsser wären als der Päan des Orions und das hohe Allegro von der Harfe des Siebengestirns. Sanftes sympathetisches Mädchen! Erlauben Sie, daß ich meinen Gramschleyer einen Augenblick vom Gesicht thue, Ihre Hand zu küssen; erlauben Sie, daß ich Sie zur Vertrauten meiner wehmüthigen Kummerempfindung und melancholischen Schwärmereyen mache und in Ihren keuschen Schooß weine. Und Jupiter breite ein dünnes Rosengewölk über die Scene! der Leser aber denke sich dies Gemählde, von etlichen Liebesgöttern gehalten, als ein Cul de Lamp unter dem Vorbericht dieses sonderbaren Briefwechsels.

Ich wüßte nicht warum?

Den griechischen Gesang nachahmen?
Was er auch immer mir gefällt,
Nachahmen nicht. Die Griechen kamen
Auch nur mit Einer Nase zur Welt.
Was kümmert mich ihre Cultur?
Ich lasse sie halter dabey,
Und trotze auf Mutter Natur;
Ihr roher abgebrochner Schrey
Trift tiefer als die feinste Melodey,
Und fehlt nie seinen Mann,
Videatur Vetter Oßian.

Die Biene.

Wohl uns des Königs, den wir ha'n!
Er ist ein gut Regent und Mann,
Und er hat keinen Stachel. —

Brief von Pythagoras an Fürst Hiero von Syracusa.

NB. Dieser Brief ist vor c. zweytausend Jahren geschrieben. Kenner der feinen und grossen Welt werden bald merken, woran es dem Verfasser des Briefes gefehlt hat, und daß ein Philosoph unsers

Jahrhunderts ganz anders würde geschrieben haben. Pythagoras aber schrieb wie folget, an Sr. Hoheit, den Fürst Hiero von Syracusa, der ihn zu sich eingeladen hatte:

„Sire,

Ich führe ein sehr einförmiges und ruhiges Leben; das Leben, das Du führst, ist weder das eine noch das andre. Ein mäßiger und frugaler Mann kann der Sicilianischen Leckerbissen entbehren. Wohin Pythagoras auch komme, findet er genug zur Leibes Nahrung und Nothdurft, und der Ueberfluß eines Dynasten ist lästig und unbequem für jemand, der sich auf so etwas nicht versteht. Die Gnügsamkeit ist ein groß Ding und steht fest; sie hat keine Neider und Verfolger, und deswegen scheint sie uns auch den Göttern am ähnlichsten zu machen. Dazu erwirbt man sich gesunde Constitution nicht durch Liebepflegen, noch durch viel Essen und Trinken, wohl aber durch Mangel, der die Menschen zur Tugend treibt. Die mancherley und ausschweifenden Wollüste aber treiben die Seele schwacher Menschen wie an Stricken, am allermeisten die Art Wollüste, denen Ew. Mt. ergeben ist. Und, weil Du freywillig ihr Knecht seyn willst, ist Dir nicht zu helfen, denn Vernunft gilt bey Dir nicht viel mehr als gar nichts. Lade also den Pythagoras nicht ein, mit Dir zu leben. Der Arzt legt sich nicht gerne zum Kranken ins Krankenbette."

Ein Fragment, das nach der Stoa schmeckt.

—— —— quod petis heic est,
Est Vlubris, ANIMVS si te non deficit AEQVVS.

Ich sah' einst einen Knaben zart
Bey einer Seifenblase stehen;
Er lächelte nach Knaben Art
Und konnte sich nicht satt dran sehen,
Und freute sich der lieblichen Gestalt,
Und ihrer wunderschönen Farben,
Die Grün in Roth und Roth in Gelb erstarben,
Und hüpfte frölich auf — doch bald
Zersprang vor ihm die Wunderblase,
Und eine bittre Thrän' lief über seine Nase.

* * *

Der Himmel weit und breit ist ewig jung und schön,
Jenseit des Monds ist alles unvergänglich;
Die Siebenstern' und ihre Brüder stehn
Jahrtausende schon, überschwänglich
In ihrer Herrlichkeit! und trotzen Tod und Sterben,
Und sagen Hui zum Verderben,
Hier unterm Mond Natur ist anders gar,
Ein brütend Saatfeld für den Tag der Garben:
Da wanket alles immerdar,
Und wandelt sich, und spielt mit Farben,
Mit Wasserblasen wunderbar.

Die armen Menschen traun —
— — — — — — —
Und raufen sich das Haar.

* * *

Es ist ein Ding in dieses Beinthals Nacht,
Das groß und herrlich ist und schöner als die Sterne,
Das bittern Mangel reich, zu Ueberfluß und Pracht,
Und Dörflein Ulubris zum Garten Gottes macht.
Ich nennte dir das Ding zwar gerne,
Doch hilfts nicht, daß man davon spricht.
So rathe denn: es fehlte jenem Knaben;
Ist unsichtbar, den Junkern ein Gedicht;
Der Mann im Kittel kann es haben,
Und mancher Ritter hat es nicht.

Eine Disputation zwischen den Herren W. und X. und einem Fremden über Hrn. Pastor Alberti „Anleitung zum Gespräch über die Religion" und über Hrn. Pastor Goeze „Text am 5ten Sonntage nach Epiphanias," unter Vorsitz des Hrn. Lars Hochedeln. Dem hochlöblichen Collegio der Herren Sechsziger zugeeignet. Mit einem saubern Kupfer. 1772, im Hornung.

Meine Herren,

Diese Schrift ist, wie Sie sehen, sehr zum Lachen eingerichtet. Wenn sie aber vielleicht noch sonst ein und andre gute Wirkung haben sollte, so war es nicht wider die Absicht ihres Verfassers. Es giebt einige Schriftsteller, die, bey der freyen Miene die sie annehmen, bessre Gesinnungen haben, als man ihnen zutrauen sollte. Der Verfasser verbittet sich, daß man seine Schrift nicht zu den elenden Spöttereyen rechne, dergleichen ihm einige, diesen Zank betreffend, zu Gesicht gekommen sind. Uebrigens bewirbt er sich in dieser Zueignungsschrift weder um Beyfall noch um Schutz, er wollte bloß bey dieser Gelegenheit eine Probe von der Achtung geben, die er unbekannter Weise für ein hochlöbliches Collegium der Herren Sechsziger hat.

Der Verfasser.

* * *
* * * * * *

W. — Und das werden sie Ihnen alle sagen. Fragen Sie nur unpartheyische Leute.

X. Ey was? Es giebt keine unpartheyische Leute, hämische giebts wohl.

W. Hämisch, sagen Sie? bedenken Sie, das Buch ist zum Unterricht der christlichen Jugend geschrieben und hat solche wesentliche Mängel und offenbare Verfälschungen. Ein gewissenhafter Lehrer der Rechtgläubigkeit mußte dagegen aufstehen.

Der Präses.

Ja wohl! mußte dagegen aufstehen, und das wesen man stumme Hunde, die dazu schweigen thäten. Sutorem si furca expellas, tamen absque recori.

X. Es ist eine Schande, seinen Collegen vor der Gemeine verhaßt und stinkend machen wollen, aber was soll man sagen, hat ——

Der Präses.

Ja wohl! es ist eine Schande, aber freylich, was soll man sagen?

W. Daß dem Buch Recht geschehen, und daß es noch Männer giebt, die Muth genug haben, sich gefährlichen Irrthümern entgegen zu stellen und wenn es auch mit ihrem eignen Schaden geschehen sollte, das sollen Sie sagen.

X. Und ich fage Ihnen, daß der Text ein Schand=
fleck in der lutherifchen Clerifey, und daß der Mann,
der ihn gemacht hat, ein feindfeliger Mann fey, der
feinen Collegen neidet, und ihm Unglück zubereiten
wollte, das fage ich Ihnen, und fagen Sie wem
Sie wollen, daß ichs gefagt habe, und daß ——

W. Und ich fage Ihnen, daß das Buch ein ge=
fährliches, verdammliches Buch fey, und fein Ver=
faffer ein Ketzer und Antichrift ——

Der Präfes.

Heda, Gewalt . . . . quod — si — illabatur —
oleum — un Pavian — férient — Ruinae — Oh
er da, Buten=Minfch, mellir er fich doch ein bisgen
mit hinein, daß er die Leute aus einander bringe.
Er wird ja doch fo heel dumm nicht feyn, daß er
nicht ein bisgen mit her machen kann, ich will ihm
benn fchon forthelfen, wann er ftecken bleibt.

Der Fremde. Ich weiß nicht, wovon die Her=
ren reden.

Der Präfes.

Wovon? das wird er ja wohl gehört haben. Herr
W. fagen Sie dem fremden Herrn doch, wovon
wir reden.

W. Die Rede ift hier von des Herrn Paftor Al=
berti Anleitung zum Gefpräch über die Reli=
gion, und da behaupte ich gegen Herrn X., daß
das Buch ein gefährliches Buch fey, und darüber
difputiren wir.

Der Präses.

Und ich bin Präsident dabey, sieht er, der nu so das Regiment beym Streit führt, und vorn Riß treten muß, wenn einer der Wahrheit zu neg kommt. Sieht er, davon reden wir, und das Buch ist ein gefährliches Buch.

Der Fremde. Haben Sie das Buch gelesen, Herr Präsident?

Der Präses.

Nein, gelesen heb ichs nicht, aber darum kann ich doch wohl weissen, daß es ein gefährliches Buch sey.

Der Fremde. Sie, meine Herren, haben das Buch ohne Zweifel gelesen?

X. Aber ich wollte, daß ichs nicht gelesen hätte.

W. Freylich ist nicht viel Freude dabey, dergleichen zu lesen; sonst wüßt ich auch nicht, warum Sie 's nicht wollten gelesen haben.

X. Mir den Verdruß und den Unwillen über den Muthwillen und das Unrecht der Verläumbung zu ersparen; darum, und weil ich mich ärgre, gegen Sie ein Wort darüber verlohren zu haben.

Der Fremde. Sie sprechen mit der Wärme eines Freundes, Herr X., und verdienen in dem Betracht Achtung, gesetzt auch, Sie liessen sich diese Wärme zuweilen ein wenig über die Gränze der Disputation leiten. Ich möchte Sie gerne sanfter sehen. Man muß die Menschen mit Sanftmuth und Gedult tragen, wenn es anders nicht Kurzweil, sondern Ernst ist, daß man das Ihre und nicht das Seine sucht.

X. Herr, Sie sollten auch dies Geschlecht kennen —— auf der Stirne die Ehre Gottes, und unterm Mantel den Dolch ——

W. Und was würde er denn, wenn er das Geschlecht nun kennte? Lügen würde er Sie strafen, und Sie verachten wie ich Sie verachte, daß Sie sich solcher frechen unverschämten Eingriffe in unsre allerheiligste Religion wider die Wächter Zions auch nur mit einem Wort annehmen mögen, er würde ——

Der Fremde. Brechen Sie ab, meine Herren, die Art zu streiten schaft nichts Gutes. Sie sind vermuthlich beyde zu gute Leute, als daß Sie sich sollten erbittern wollen.

Die Wahrheit ist die Tochter des frieblichen Himmels, sie flieht vorm Geräusch der Leidenschaften und vor Zank. Wer sie aber von ganzem Herzen lieb hat, und sich selbst verläugnen kann, bey dem kehrt sie ein, den übereilt sie des Nachts im Schlaf und macht sein Gebein und sein Angesicht frölich. Es scheint als wenn die Wahrheit ihnen beyden am Herzen läge, mir liegt sie auch am Herzen. Lassen Sie uns den alten zanksüchtigen Adam wegthun, ob wir sie finden möchten.

Der Präses.

Mir ligt sie auck am Herzen, und ich will sie mit söcken helfen. Aber in Alberti's Buch finden wir sie nicht. Da ist nir als die klare Kezerey darin zu finden.

Der Fremde. Ein Schriftsteller ist zuweilen

nachläßig im Ausdruck; oft macht die verschiedene Art sich eine Sache vorzustellen, daß einer den andern nicht recht versteht, manchmal will auch einer den andern nicht verstehen.

Der Präses.
Was woll er damit sagen?

Der Fremde. Ich will so viel sagen, daß man in einem jeden Buch Ketzereyen finden kann, wenn man sie darin suchen wollte.

Der Präses.
Nu, so find er mir mal eine Kezerey in dem Text am 5ten Sonntage nach Ephiphonias. Er nimmt sich viel heraus, Buten=Minsch.

Der Fremde. Was ich sage, das sage ich nicht wider Sie allein, Hr. Präsident, ich sage es auch wider mich und wider uns alle. Glauben Sie aber nicht, ich rede unbedachtsam, daß man in jedem Buch eine Ketzerey finden könne. Sie mögen mir auch noch sagen, welche Ketzerey ich in dem Text finden soll.

Der Präses.
Herr W.! Was giebts denn für Kezer?

W. Es giebt deren leider genug, Socinianer, Valentinianer, Manicheer.

Der Präses.
Ganz recht, Manucheer! Nu so find er mir mal die Manucheer Kezerey darin.

Der Fremde. Sie wissen doch was die Manicheer behauptet haben?

Der Präses.

Freylich, wie sollt ich das nicht weissen?

Der Fremde. Sie haben nämlich behauptet, daß zwey Principia oder Grundwesen wären, ein böses und ein gutes. Eigentlich hat Manes diese Lehre nicht erfunden, sondern aus der Tiefe der Persischen Philosophie geschöpft.

Der Präses.

Was woll er erfunden haben? der Prinz Heraclius hat sie lang vor ihm gehabt, und Tubal Cain auch.

Der Fremde. Nun steht im Text: »daß es »ohne die Lehre vom Satan und seinen Würkungen »schlechterdings unmöglich sey, den Ursprung des »Sünden-Uebels zu erklären.« Nach der Christlichen Lehre hat Gott den Satan als einen guten Engel erschaffen, der Satan hat aber gesündigt und ist gefallen. Wenn nun das Sünden-Uebel ohne die Lehre vom Satan unmöglich erklärt werden kann, so bedürfen wir eines neuen Satans, den Fall des itzigen zu erklären, und so fort immer eines neuen Satans; und muß also wer dies behauptet zuletzt ein böses Grundwesen annehmen. Das ist aber die Lehre der Manicheer.

Der Präses.

Dat ist wahr, wahrhaftig. Herr W. wat sagen

Sie darzu. Der Text ist bey meiner armen Seel ein Manucheer.

Der Fremde. Verstehen Sie mich nicht unrecht. Der Herr Pastor Goeze hat in der gelehrten Welt den Ruhm eines orthodoxen Theologen, und er ist gewiß kein Manicheer. Ich wollte Ihnen nur zeigen, daß es leicht sey, selbst in den Schriften eines Priesters der so gewissenhaft auf sein System hält und aller Ketzerey so feind ist, etwas zu finden, das man übel auslegen könnte, wenn man das will. Ich sage Ihnen aber in allem Ernst, daß ich das nicht will, und Sie wollen es gewiß auch nicht. —— Und nun Herr W., sagen Sie doch, warum Sie die „Anleitung zum Gespräch über die Religion" so gefährlich halten?

W. Es sind darin wichtige Lehren ausgelassen.

Der Fremde. Und was sind denn das für Lehren?

W. Die Lehre vom Satan und seinen Würkungen.

Der Präses.

Ja, dat ists man eben, die Lehre vom Satan. Sieht er, den schwarzen Diobolus, den glaubt Alberti nicht.

Der Fremde. Dies schliessen Sie nun schon, Herr Präsident. Herr W. sagt doch nur, daß die Lehre ausgelassen sey.

Der Präses.

Ey, das ist ein Duhn. Wenn er den Diobolus

glaubte, so würde er wohl von ihm Meldung thun. Aber he will uns darum bringen, sieht er, und wir wöllen uns den Diobolus nicht nehmen lassen. O Zion pulvinar Dioboli.

Der Fremde. Ich weiß nicht, was der Verfasser glaubt. Er kann aber Ursachen gehabt haben, diese Lehre wegzulassen.

Der Präses.

Ja, dat kann he freylich, aber seg' er doch einige, daß ich höre ob er aufm rechten Loch pfeift.

Der Fremde. Ich will Ihnen nur eine anführen. Sie wissen, daß es besser ist jemand mit Guten zu ziehen als mit Bösen.

Der Präses.

Das versteit sich, viel besser. Bono vino non opus est suspenso hirco, so weit hat er noch groß Recht.

Der Fremde. Das Buch ist dem Titel zufolge besonders zur Unterweisung der Jugend geschrieben. Wenn nun der Verfasser die jungen Herzen der Kinder durch Vorstellung der Liebe Gottes und seiner Wohlthaten zu einer innigen Gegenliebe und kindlichen Furcht für Gott hätte vorbereiten und gewöhnen wollen, wenn er die Strafgeräthe draussen gelassen hätte, um gar nicht einmal die Idee einer knechtischen Furcht in ihre Herzen kommen zu lassen?

Der Präses.

Da het he heel Recht, aber der Diobolus gehört

doch mit zur Religion, und also hätt' er auch im Gespräch darüber vorkommen müssen.

Der Fremde. In einem ausführlichen, ja! Wenn aber der Verfaßer kein ausführliches Gespräch hätte liefern wollen?

Der Präses.

So hät he das sagen müssen. Ja, wenn he das gesagt hätte da wärs ein ganz anders; da würd er mich auch anders sprechen hören, qui bovem bis ungit bovem docet.

Der Fremde. Wo ich mich recht besinne, sagt der Verfaßer das in der Vorrede.

W. Ja, es steht Seite 44 und 45, nahe vor dem überflüßigen Ausfall —

Der Fremde. Haben Sie noch sonst etwas wider das Buch, Herr W.?

W. Daß der Verfaßer die Sprache der Theo=logen nicht spricht, in der doch so viele große und verdiente Männer gesprochen haben und noch sprechen.

X. Und sollen denn etwa die Kinder Disputir=Geister werden? Die Theologen machten sich ihre Systeme, den Feinden der Religion, die Systeme hatten, desto besser zu begegnen.

Der Fremde. Aber der Geist der Religion wohnt nicht in den Schaalen der Dogmatik, hat sein Wesen nicht in den Kindern des Unglaubens, noch in den ungerahtenen Söhnen und übertünchten Grä=bern des Glaubens, läßt sich wenig durch üppige glänzende Vernunftsprünge erzwingen, noch durch

ſteife Orthodoxie und Mönchswesen; Und, für Kin=
der, deren Herz durch die Religion gebeßert werden
ſoll, iſt freylich der ſimpelſte und kräftigſte Ausdruck
der beſte. Wenn ich bey der Quelle ſtehe, warum
ſoll ich nicht aus der Quelle trinken; ſo bin ich doch
ſicher vor dem Unrath am Eimer. Es iſt Ehre
für einen Mann und für ein Volk, wenn es ſtrenge
und eifrig für ſeine Religion iſt, aber es iſt doch
auch Billigkeit, zu unterſuchen ehe man eyfert.

Der Präſes.

Ich lege meine Preſidentſchaft nieder; Buten=
Minſch, will er Preſident werden.

Der Fremde. Nicht doch, Herr Lars, Sie
müßen Präſident bleiben.

X. Und wenn er noch auf ſein Buch trotzte! ſo
nennt ers aber ſelbſt unvollkommen, und bittet um
Belehrung und um guten Raht.

W. Der iſt ihm ja auch geworden.

X. Das mögen Sie noch guten Raht nennen,
da es offenbar keinen andern Zweck haben konnte
als — aber was ſtehen Sie denn, und ſehen ſo
ſtarr?

Der Fremde. Ich denke daran, wenn wir nun
in jener Welt ſind, neben den ſchönen Jünglingen
des Himmels, und da nun alle Eines Sinnes und
Freunde ſind: wie das ſo gut ſeyn wird, und wie
es uns dann Leid thun werde, daß wir hier ſo viel
gezankt, und vielleicht jemand Unrecht gethan ha=
ben — ich dächte Sie gäben ſich die Hände. Nicht

wahr, Herr Präsident, wenn sich zwey Menschen
versöhnen, ist wie eine schöne große Narbe fürs
Vaterland? Aber viele sind ihrer Schöne kaum
wehrt.

Der Präsident.

Wahr und wahrhaftig, der Buten=Minsch hat
in vielen Stücken heel groß Recht, ich will das Buch
selbst lesen, und wollen uns vertragen.

* * *

An Herrn N. N. Litteratus.

„Es war einmahl ein Reuter,
»Der hatt' ein schönes Pferd;«
Gut, das, und was denn weiter?
»Er aber war nichts wehrt.«

Das unschuldige Mädchen.

Meine Mutter sagt mir:
»Deine Lippen gab dir
»Zum Sprechen, Tochter, die Natur,
»Und zum Sprechen brauch sie nur.«

Warum sind sie roht?
O, ich könnte ja auch mit weissen Lippen sprechen,
Und warum gebot
Meine Mutter: nur zum Sprechen?
Wer zeigt mir armen Mädchen an,
Was mein Mund mehr als sprechen kann?

Vergleichung.

Voltair und Schackespear: der eine
   Ist was der andre scheint.
Meister Arouet sagt: ich weine;
   Und Schackespear weint.

Fuchs und Pferd.

Einst wurden Fuchs und Pferd,
Warum das weiß ich nicht, auch hat es mich ver=
                      droßen,
   Denn mir sind beyde Thiere wehrt,
In einen Käficht eingeschloßen.
Das Pferd fieng weiblich an zu treten
   Für Ungebult, und trat

Den armen Reinke Fuchs der nichts an
                   Füßen hat.
„Das nun hätt' ich mir wohl verbeten,
„Tret' er mich nicht, Herr Pferd! ich will ihn auch
                   nicht treten."

An eine Quelle 1760.

Du kleine grünumwachsne Quelle,
   An der ich Daphne jüngst gesehn!
Dein Waßer war so still! so helle!
   Und Daphne's Bild darin, so schön!
O, wenn sie sich noch mahl am Ufer sehen läßt,
So halte du ihr schönes Bild doch fest;
Ich schleiche heimlich dann mit naßen Augen hin,
   Dem Bilde meine Noht zu klagen;
Denn, wenn ich bey ihr selber bin,
Denn, ach! denn kann ich ihr nichts sagen.

Steht Homer z. Ex. unterm Spruch des Aristoteles et Compagnie?

Steht er b'runter, oder steht er nicht b'runter?
   'Hab' mahl eine schreckliche Geschicht gelesen, von
Romeo, Julia und einem Doctor Benvoglio;

wird dem geneigten Leſer auch wohl bekannt ſeyn. Die Frage da kömmt mir gleich ſo luſtig vor, ob wenn 's jemand eingefallen wär, als eben die Schauer und das Geſchrey der Lieb und Verzweif= lung verſtummten und die unglückliche Schwärmerin hin war, an die Thür des Begräbnißes anzupochen und den Doctor zu fragen, ob die Jungfer Julia ihre Rolle mit Ausdruck und nach den Regeln der Kunſt gemacht hab. Benvoglio hätte, denk ich, wohl was anders zu thun gehabt, als ſich auf die Frage ein= zulaßen. Ich wenigſtens, wenn ich Benvoglio ge= weſen wär, ich hätte dem Kerl die Thür vor der Naſe zugeſchlagen, wäre zurück ans todte Mädchen gangen, hätte ſie wieder angeſehen! und noch ein= mahl bitterlich geweint. Staub unterm Fuße muß dünkt mich dem Mann, dem 's warm ums Herz iſt, der in Ernſt nüzen will und den Zeug dazu hat, 'n Bündel Kunſtrichter, 'n Jahrgang Zeitungsſchreiber ſeyn, die Weißheit plappern. Wenn aber die Ge= ſchichte von Romeo und Julia nachgeſpielt würde; wenn aber in einem gewiſſen Planeten das Publicum eine Schöne wäre, die nur unterhalten ſeyn will, und die Schriftſteller Schmetterlinge, die um ihr Lächeln buhlen, und durch gelehrte und bür= gerliche Wendung ſich einander einen freundlichen Blick zu veranſtalten oder wegzuſchnappen ſuchen; da iſt denn freilich die Sach' anders, und man muß immer Zuckerbrodt und Bonbons in der Taſche haben.

✳

* * *

Ein gewisser Graf von Grunn soll neulich auf der Insel Jos das Grab Homer's entdeckt haben. Der Dichter saß im Grabe, fiel aber bald zusammen als Luft hinein kam. Eine Grabschrift a uf dem Grabe war nicht mehr leserlich, ist aber vermuthlich die gewesen, die Herobot anführt, und die erst lange nach dem Tode Homer's auf sein Grab gethan ward, wie das von je her so Mode gewesen, daß man mit der Achtung, die großen Männern gebührt, um ein Paar Hundert Jahre nachgekommen ist. Die Mutter des Homer soll, nach dem Pausanias, der zu seiner Zeit ein berühmter Gelehrter und Geographus gewesen, Clymene geheißen haben, wiewohl andre sie Chryteis nennen, und auch auf der Insel Jos begraben seyn. Der Graf von Grunn hat viel nach ihrem Grabe gesucht, hats aber nicht finden können; auch die Marmora Arondeliana in England sagen von ihrem Nahmen und Grabe nichts, und man wird also sich über beides wohl zufrieden geben müßen.

Wollen denn auch lieber die Lebendigen studiren, und die Physiognomie des edlen liebenswürdigen Lavater's.

Universalhistorie des Jahrs 1773; oder silbernes A. B. C. (defect.)

Am Firmament in diesem Jahr
    Ists so geblieben wie es war.

Gelehrte setzen fort ihr Spiel
    Mit dem bewußten Federkiel.

Prozeße hatten gut Gedeyhn,
    Und über Recht thät Niemand schrein.

Stammbäume trieb man, groß und dick,
    In Mistbeeten mit gutem Glück.

Theologie war leider krank
    Durch Ueberfetzungen und Zank.

Ungläubig wurde Jedermann,
    Sir Hagel, und 'Squeir Urian.

Xantippen fehlten ganz und gar;
    Oft ist ein ganzer Vers nicht wahr.

Ysop wuchs wenig an der Wand,
    Nach Hamburg kam ein Elephant. u. s. w.

Von Projecten und Projectmachern.

Ein gewisser Kirk, ein Schottländer, hat das Perpetuum Mobile erfunden, wenigstens meint ers. Er ist der erste nicht, der dies Wunder-Ding findet, und wird auch der Letzte nicht seyn; nicht als ob der Letzte nicht Kirk heißen, noch ein Schottländer seyn könnte, sondern weil es eine Angewohnheit der Natur zu seyn scheint, allemahl gegen eine gewiße Anzahl gewöhnlicher Exemplare einer Species Ein Exemplar hervorzubringen, das Caricatur ist, oder den andern nur so in die Augen fällt. Herr Kirk wird wohl ein Projectmacher seyn, und das Perpetuum Mobile mag wohl ein Project seyn; daß indeß eine Aufgabe noch nicht aufgelößt worden, ist kein Beweiß gegen die Auflösung. Der Sardanapalus soll nie den Einfall gehabt haben, der Bereiter des Bucephals zu seyn, aber Alexander fühlte bald wozu er gebohren war; und von dem Sardanapalus ist noch zu merken, daß man ihm in seinem Leben keinen klugen Einfall vorwerfen könnte, wenn er sich nicht mit seinen Weibsleuten zu guter letzt lebendig verbrannt hätte.

Die Nachahmer.

Es ritten drey Reuter zum Thore hinaus
   Auf Eselein gar eben;
Sie waren nach heurigem Gebrauch
   Dem Versemachen ergeben.

Ein Dichter auch den Weg her kam,
  Sein Buc'phal große Schritte nahm
Die Ewigkeit zu finden,
  Die Reuter sich hinten anbinden,
Daß er sie mit sich schleppen thät
  In die schöne große Ewigkeit,
Da wären sie gar zu gerren.
  Der Dichter im Reiten sich umsah;
Ey, seht doch! es sind Herren da;
  Wie heißen denn die Herren?
Er da, gebunden an den Schwanz?
  »Heiß Fipp.« Er? »Fapp.« Und? »Fir=
      lefanz.«
Reitet wohl, Ihr lieben Herren!
  Nun thät der Dichter als wär er stum,
Und sah sich gar nicht weiter um!
  Auch kämen die Reiter nicht ferren.

———

»Von Schwedenborg, nach Anleitung einer zu
»seinem Andenken von dem Bergrath und Ritter
»Sandel in einer Versammlung der königl. Schwe=
»dischen Academie der Wissenschaften zu Stockholm
»abgelesenen Rede.«

Herr Schwedenborg ist vielen Lesern nur aus seinen letzten Lebensjahren und aus seinen letzten Schriften bekannt. Vermuthlich hat eben dies viel dazu beygetragen, daß man mit einem Urtheil über

diesen Schriftsteller und Menschen so bald fertig ist,
und man würde, wenn man mit seinem Leben und
mit seinen Schriften die vorhergiengen bekannt ge=
wesen wäre, allem Ansehn nach ihn, als er aus dem
gewöhnlichen Gleise heraustrat, mit mehr neugieri=
gen und minder flüchtigen Blicken verfolgt haben.
Wenigstens sollte man glauben, daß ein Herr Poly=
histor oder sein Herr Auditor ihren Machtspruch bis
weiter würden zurückgehalten haben und auf die Ver=
muhtung eines etwanigen Mißverständnisses gerahten
seyn, wenn sie gewußt hätten, daß Schwedenborg
die ganze Gelehrsamkeit des Herrn Polyhistors und
des Herrn Auditors an den Kinderschuhen zerrißen
hatte.

Also Herr Schwedenborg oder vielmehr
Schwedbergsen, den Nahmen Schwedenborg
erhielt er allererst im Jahr 1719 als er geadelt
ward, ist gebohren in Stockholm den 29. Januar
1688. Er war der zweyte Sohn des D. Jaspar
Schwedberg, Bischofs von Scara, und hatte von
Jugend auf gute Gelegenheit mit alle dem bekannt
zu werden, was man Gelehrsamkeit und Wißenschaf=
ten nennt. Er las in seiner Jugend die lateinischen
Dichter gern, und machte selbst einige Versuche die
mit Beyfall aufgenommen wurden. Als er in Upsal
einige Jahre studirt und sich den Ruhm eines Man=
nes von Fleiß und Genie erworben hatte, gieng er
außer Landes, nach Deutschland, Frankreich und
Holland, zu sehen ob er da etwas neues für seine
Wißbegierde fände. Die Abtheilung der Gelehrten

in Theologen, Philosophen ꝛc. wollte ihm nicht in den Kopf, und er glaubte, daß alle Wissenschaften für Einen Menschen und Ein Mensch für alle Wissenschaften sey. Indeß war sein Lieblings-Studium, außer der Theologie und Philosophie, die Physik, Chymie, und die Mathematischen Wißenschaften. Durch seine Einsicht in die letztern war er in die Bekanntschaft des berühmten Commerzraht Pelhem gekommen, und König Carl XII. machte ihn in seinem 28sten Jahr zum Aßeßor, mit dem Beding, daß er diesen großen Mathematikus und Mechanikus bey allen seinen Unternehmungen begleite, und beständig um ihn sey. Wie wenig oder wie viel Schwedenborg in der Mechanick konnte, erhellet unter andern aus einem kleinen Maneuvre, nach welchem er im Jahr 1718 zur Belagerung von Friedrichshall, 2 Galeeren, 5 große Fahrzeuge und 1 Schaluppe anderthalb Schwedische Meilen, von Strömstadt nach Ilba-Fial, mit Rollen über Berg und Thal fortschafte. Im Jahr 1716 fieng er an Schriftsteller zu werden, und gab nach einander heraus: seinen Daedalus hyperboreus, einen Versuch zur Einrichtung der bequemsten Münze und Maße, eine Abhandlung von der Algebra, vom Gange und Stande der Erde und der Planeten, von der Höhe des Waßers und der Abnahme der Ebbe ꝛc. und sonderlich 7 Abhandlungen vom Bergwerkswesen. Die Abhandlungen vom Bergwerkswesen schrieb er auf einer Reise, die er, nachdem er sich in dem Bergbau seines Vaterlandes umgesehen und unterrichtet hatte, nach dem Harz und den Bergwerken in Sachsen und Oesterreich vornahm, um auch das zu wißen was in andern Ländern in diesem Fach Gang und Gebe sey; und darauf gab er 1743 seine großen Opera Philosophica und Mineralia heraus. Aus allen diesen Schriften leuchtet hervor, daß ihr Verfasser nicht zum Nachsprechen gemacht, sondern ein Mann war, der selbst denkt und in jedem Fach, dahin er kommt, wie in seinem Eigenthum und zu Hause ist. Sie machten ihn auch in und außerhalb Schweden sehr berühmt. Im Jahr 1724 ward ihm eine Profeßur der höhern Mathematick zu Upsal angeboten, die er aber ausschlug; in eben dem Jahr nahm ihn die königl. gelehrte Gesellschaft zu Upsal zu ihrem Mitglied auf, und 1734 die Petersburger zu ihrem Correspondenten u. s. w.

Als nun Schwedenborg in den Wißenschaften des Jahrhunderts sich umgesehen hatte, und von einzelnen Kennern und ganzen Acabemien mit Beyfall beehrt worden war, fieng er an — Geister zu sehen. Sein Lobredner sagt: er habe die sichtbare Welt und den Verhalt ihrer Theile, als einen Fingerzeig auf die unsichtbare angesehen, und, da er mit der sichtbaren Welt sehr bekannt war, auf die unsichtbare Welt anfangs Muthmaßungen gewagt und nach und nach ein ganzes System aufgeführt. Wenn dem so wäre, so läßt sich absehen, daß dieses System, gesezt auch es sey wahr, den Leuten, die von der einen Welt wenig und von der andern gar nichts wissen oder wissen wollen, sehr sonderbar in die Augen fallen müße, und daß es seinen Verfaßer mehr als lächerlich machen konnte.

Nil Sacri es, sagte Hercules unwillig, als er irgendwo in einem Tempel eine Statue des Adonis antraf. Man findet in Schwedenborgs Leben und Character eine solche Statue des Adonis nicht, der zu gefallen er, wie der gewöhnliche Lauf der Natur ist, andre und bequemere Meinungen gesucht hätte. Er ist von je her ein sehr tugendhafter Mann gewesen, und konnte von der Schönheit und Majestät der sichtbaren Welt sehr tief gerührt werden.

Ob Schwedenborg würklich Geister oder sonst neues gesehen, oder ob er ein Narr gewesen, bleibt freilich die Frage. Aber man kann doch nicht wohl umhin zu glauben, daß Geister sind, und Schwedenborg sagte ganz kalt und trocken in seinem Leben, und noch auf seinem Todbette in London, wo er den 24. Sept. 1771 starb, er könne sie sehen und habe sie gesehen.

Weil nun die Neue Welt doch schon vor Herrn Projectmacher Columbus ganz richtig und natürlich da war, ob man gleich in Europa kein Wort von ihr wußte, so könnte es auch vielleicht einen Weg zum Geistersehen geben, ob es gleich ein Geheimniß ist, wie die Brille dazu geschliffen werden muß. Und gesetzt auch einer schliffe und schifte ganz ebentheurlich; nach der Meinung kluger Leute liegt viel Wahrheit im Verborgenen, vielleicht nahe bey uns, aber im Verborgenen, und so sollten uns alle Projecte eines guten Mannes, wenigstens als edles Ringen nach ihr, heilig seyn.

(Den Beschluß in den Elisäischen Feldern.)

Ein Wiegenlied bey Mondschein zu singen.

So schlafe nun du Kleine!
    Was weinest du?
Sanft ist im Mondenscheine,
    Und süß die Ruh.

Auch kommt der Schlaf geschwinder,
    Und sonder Müh;
Der Mond freut sich der Kinder,
    Und liebet sie.

Er liebt zwar auch die Knaben,
    Doch Mädchen mehr,
Gießt freundlich schöne Gaben
    Von oben her

Auf sie aus, wenn sie saugen,
    Recht wunderbar;
Schenkt ihnen blaue Augen
    Und blondes Haar.

Alt ist er wie ein Rabe,
 Sieht manches Land;
Mein Vater hat als Knabe
 Ihn schon gekannt.

Und bald nach ihren Wochen
 Hat Mutter mahl
Mit ihm von mir gesprochen:
 Sie saß im Thal,

In einer Abendstunde,
 Den Busen bloß,
Ich lag mit ofnem Munde
 In ihrem Schooß,

Sie sah mich an, für Freude
 Ein Thränchen lief,
Der Mond beschien uns beide,
 Ich lag und schlief;

Da sprach sie: „Mond, o! scheine,
 „Ich hab sie lieb,
„Schein Glück für meine Kleine!"
 Ihr Auge blieb

Noch lang am Monde kleben,
 Und flehte mehr.
Der Mond fieng an zu beben
 Als hörte er.

Und denkt nun immer wieder
　　An diesen Blick,
Und scheint von hoch hernieder
　　Mir lauter Glück.

Er schien mir unterm Kranze
　　Ins Brautgesicht,
Und bey dem Ehrentanze;
　　Du warst noch nicht.

Ein dito.

Seht doch das kalte Nachtgesicht
　　Dort hoch am Himmel hangen!
Einst war es glatt, und hatte nicht
　　Die Runzeln auf den Wangen.

Ja Kind, von diesen Runzeln wär
　　Nun freilich viel zu sagen;
Am Weynachtabend kam Kunz her,
　　Der Henker mußt ihn plagen,

Kam her und stahl. Wie giengs ihm nicht!
　　Er wird nicht wieder stehlen.
Hör an, und laß dir die Geschicht
　　Vom Kohl und Kunz erzählen.

Heinz hatt' ein Gärtchen, das war schön,
    Da stieg des Abends Kunze
Hinein, und, hast du nicht gesehn,
    Bestahl den Nachbar Heinze.

Sonst schämt und grämt ein Dieb sich wohl,
    Kunz aber nicht; er dachte:
Es fände morgen seinen Kohl
    Der Nachbar nicht, und lachte.

Schnell aber war da eine Hand,
    Die ihm vertrieb das Lachen,
Sie faßte ihn — husch! und er stand
    Im Mond mit seinen Sachen,

Mit seinem Kohl, so wie er war,
    Da half kein Schrein noch Flehen.
Man sieht ihn itzt auch hell und klar
    Mit Kohl im Monde stehen.

Er überdenkt nun den Betrug,
    Doch wird ihm wohl zu Zeiten
Die Zeit und Weile lang genug,
    Und wär wohl gern bey Leuten.

All Weynachtabend rührt er sich,
    Und ruft aus voller Kehlen:
Erbarme dich! erbarme dich!
    »Ich will nicht wieder stehlen.«

Ja, großen Dank! der arme Kunz!
Nun mag er lange wollen;
Er stehet da, und warnet uns,
Daß wir nicht stehlen sollen;

Steht da, und hat nicht Ruh und Rast,
Und wird da ewig stehen.
Schlaf, wenn du ausgeschlafen hast,
Sollst du auch Kunze sehen.

Noch ein dito für belesene und empfindsame Persohnen.

Meine Mutter hat Gänse,
Fünf blaue,
Sechs graue;
Sind das nicht Gänse?

☞ Abhandlung über den Ursprung der Sprache, welche den von der Königl. Academie der Wissenschaften für das Jahr 1770 gesetzten Preiß erhalten hat, von Herrn Herder. Berlin, bey Chr. Fr. Voß, 1772, 14 Bogen in 8.

Es ist ungemein bequem über Abhandlungen zu urtheilen, die von einer Academie der Wissenschaften den Preiß erhalten haben. Man weiß gleich, woran man ist und was man zu thun und zu lassen hat, und ist sicher, daß jemand, dem die Götter mehr Einsicht oder mehr Credit gegeben haben, einen nicht von ohngefähr durch ein grade die Queere gestelltes Urtheil um sein bisgen Ehre und guten Nahmen bringe, weil man sich nun im Fall der Noth gegen ein solches die Queere gestelltes Urtheil wenigstens mit Anstand sträuben, und es unter dem Flügel der Academie, als wäre es eine Luftblase, vor sich hertreiben kann, wie Rousseau seine Réflexion en puissance vor sich hertreibt, bis sie ihm auf seinem Wege zerspringt, sagt Herder.

Zwar bey Schriftstellern wie der, von dem hier die Rede ist, braucht's keiner Sicherheit unter dem Flügel. Man darf sich nur fest an ihm halten, und er trägt einen auf dem Flügel seines Genies aus aller Gefahr, per Fas et Nefas, hoch mit dem Mond über Klotz und Stein, über Widerspruch' und Stoppeln hin, daß einem die Haare auf der Schädel sausen. Man darf sich nur fest halten, wenn er etwa zuweilen, vom Ueberfluß des Lebenssafts der in ihm ist, den Flügel etwas muthwilliger schlüge.

Die Menschenkinder haben Sprache, wissen aber nicht, wie und woher? ob ein Engel vom Himmel sie gebracht habe? oder ob sie auf Erden ausgebrütet worden? aus der Bärmutter der warmen Empfindung und Leidenschaft? oder der kalten Verabredung? In Ermanglung eines bessern bestieg ein jeder eine Hypothese die ihm die besten Knöchel zu haben schien, und schwang seinen Speer. Da forderte nun die Academie der Wissenschaften in Berlin die Gelehrten weit und breit auf, diese Ritter zu erlegen und auf einer neuen Rosinante ins Feld zu kommen, oder auch einen von ihnen neu auszustaffiren und sein Sancho Pansa zu werden. Herr Herder kam, sammlete Halme aus der Natur der Seele des Menschen und seiner Organisation, aus dem Bau der alten Sprachen und dem Fortgange derselben, aus der ganzen Menschlichen Oeconomie ꝛc. band seine Garbe und stellte sie hin —: Schrey der Empfindung ist nicht Sprache, nicht ihr Blatt noch ihre Wurtzel, sondern der Thautropfen der sich an Blätter und Blüthen anhängt und sie belebt; das Thier ist immer auf einen Punkt, dicht an den sinnlichen Gegenstand, geheftet; der Mensch kann seinen Blick loß reissen, wendet ihn von einem Bilde zum andern, weilet auf einem, sondert sich Merkmaale ab, und hat nun schon ein Wort zur Sprache in sich, das er von sich gibt, nach dem Ton der sein Ohr dabey trift, und nach dem Resultat der Gährung unter den Bebungen der übrigen Seelensaiten — und so bildet sich nach und nach eine Sprache analogisch, mit der übrigen Bildung des Menschengeschlechts ꝛc.

Es steht übrigens dahin, ob Herr Herder im Ernst meine, daß alle Sprache diesen Weg Rechtens entstanden sey, oder ob er eine Sprache ausnimmt, der Moses erwähnt, die den Weg der Güte kommt, und eine warme Uebersetzung ist aus der original Sprache, darin ein milder unerschöpflicher Schriftsteller den großen Codex Himmels und der Erden en Bas Relief und ronde Bosse für seine Freunde geschrieben hat. Dem sey nun wie ihm wolle, Herder hat seinen Weg Rechtens beweisen wollen, und die Academie hat ihm den Preiß zuerkannt.

An S. bey — Begräbnis.

Auch ihn haben sie bey den andern begraben,
    Und er kömmt nun nicht wieder zu uns!
Liegt nun im Grab' und verweset,
    Und kömmt nicht wieder zu uns!
Und so werden sie alle begraben werden,
    Und verwesen im Grabe zu Staub!
Freund, laß mich hingehn und weinen;
    Mir ist's so trüb' um das Herz.
Ach! wenn S. ach! wenn auch dich sie begrüben,
    Und ich suchte und fände dich nicht! —
Ich will ihm opfern und flehen,
    Daß lange dein schone der Tod.

Denksprüche alter Weisen, mit meinen Randglossen.

Nichts Böses thun, ist gut;
Nichts Böses wollen, ist besser.
* Und dem Gentleman, der's nicht thut noch will, muß wohl recht gut zu Muthe seyn!

* * *

Den leeren Schlauch bläßt der Wind auf;
Den leeren Kopf der Dünkel.
* Drücke sie beyde, daß sie zu sich selbst kommen.

* * *

Gieb dem Narren Gift!
Das heißt: rühm ihn.
* Gieb dem Narren keinen Gift; denn es ist auf den Apotheken verboten.

* * *

Sey das,
Was du von andern willst gehalten seyn.
* Denn wenn du'n Esel bist, so bist du'n Esel ob auch alle Menschen dich für einen Löwen hielten.

* * *

Die Welt ist ein Schauplatz,
Du kommst, siehst, und gehst vorüber.
* Und wirst vom Schauplatz vergessen, wer du auch seyst. Mach' aber, daß dich das wenig kümmern dürfe.

* * *

Der Großprahler ist wie ein gemaltes Schwerdt;
Beide können nicht gebraucht werden.
 * Und doch werden beid' oft in vergoldeten Rahmen gefaßt.

* * *

Zeuge Kinder die unsterblich sind,
Nicht die im Alter deines Leibes,
Die deiner Seele pflegen in der Ewigkeit!
 * Und wisse, einige Kinder gehen hier schon heraus ins Pu=
 blicum, ihren Vater berühmt zu machen; andre werden
 heimlich gezeugt und kommen hier gar nicht zu Gesicht,
 aber ihrer keines geht verlohren, sondern sie werden in's
 lieben Gottes sein Fündelhaus eingeschrieben, spielen ein=
 müthig um ihres Vaters Grab weil er schläft, und schreyen:
 Hurrah! wenn er wieder aufersteht.

* * *

Das Weib muß nicht zu Wort kommen,
Denn das ist eine schreckliche Sache.
 * Ist nur von den Weibern in Griechenland zu verstehen.

* * *

Der Adel besteht in Stärke des Leibes bey Pferden,
Bey Menschen in guter Denkart.
 * Gilt auch bey unserm Adel.

* * *

Die Götter haben große Geschenke zu vergeben,
Aber das größte von allen ist die Tugend.
 * Ich glaube lieber Herr! Hülf meinem Unglauben.

* * *

Das Geld eines Geizigen ist wie eine untergehende
                              Sonne;
Kein Mensch hat gut davon.
* Hui der künftigen Morgenröthe in der Hand eines bessern Erben!

* * *

Es ist besser, daß ein Narr beherrscht werde,
Denn daß er herrsche.
* Weiß keine Gloße.

* * *

Versprich nicht großes;
Thue was großes.
* Schwaze nicht von der Weisheit,
Sey weise.

* * *

Wem die Götter Reichthum und Verstand geben
                              der ist glücklich,
Denn er kann viel Gutes machen.
* Wem die Götter keins von beiden geben, der kann — Randglossen machen.

Speculations am Neujahrstage.

'N fröhliches Neujahr, 'n fröhliches Neujahr für mein liebes Vaterland, das Land der alten Redlichkeit und Treue! 'n fröhlichs Neujahr, für Freunde und Feinde, Christen und Türken, Hottentotten und Kannibalen! für alle Menschen, über die Gott seine Sonne aufgehen, und regnen lässet! und für die armen Morensclaven, die den ganzen Tag in der heißen Sonne arbeiten müssen! 's ist ein gar herrlicher Tag, der Neujahrstag! ich kann 's sonst wohl leiden, daß einer 'n bißgen patriotisch ist, und andern Nationen nicht hofirt. Böß muß man freilich von keiner Nation sprechen; die Klugen halten sich allenthalben stille, und wer wollte um der lauten Herren willen 'n ganzes Volk lästern? wie gesagt, ich kann 's sonst wohl leiden, daß einer so'n bißgen patriotisch ist, aber Neujahrstag ist mein Patriotismus mausetodt, und 's ist mir an dem Tage, als wenn wir alle Brüder wären und Einer unser Vater der im Himmel ist, als wären alle Güter der Welt Wasser, das Gott für alle geschaffen hat, wie ich mahl habe sagen hören u. s. w.

Ich pflege mich denn wohl alle Neujahrsmorgen au einen Stein am Weg' hinzusetzen, mit meinem Stab vor mir im Sand zu scharren und an dies und jen's zu denken. Nicht an meine Leser; sie sind mir aller Ehren werth, aber Neujahrsmorgen auf dem Stein am Wege denk' ich nicht an sie, sondern ich sitze da und denke dran, daß ich in dem

vergangnen Jahr die Sonne so oft hab' aufgehn se=
hen, und den Mond, daß ich so viele Blumen und
Regenbogen gesehn, und so oft aus der Luft Odem
geschöpft und aus dem Bach getrunken habe; und
denn mag ich nicht aufsetzn, und nehm' mit beiden
Händen meine Mütz' ab und kuck h'nein.

So denk' ich auch an meine Bekannte die in
dem Jahr starben, und daß sie nun mit Socrates,
Numa, und andern Männern sprechen können, von
denen ich so viel Gutes gehört habe, und mit Jo=
hann Huß; und denn ist's als wenn sich rund um
mich Gräber aufthun, und Schatten mit kahlen
Glatzen und langen grauen Bärten heraus steigen,
und 'n Staub aus'm Bart schütteln. Das muß nun
wohl der ewige Jäger thun, der übern Zwölf=
ten sein Thun so hat. Die alten frommen Lang=
bärte wollen wohl schlafen, aber Eurem Andenken
und der Asch' in Euren Gräbern ein fröhlichs fröh=
lichs Neujahr!!!!

*

Ein Versuch in Versen.

Die Römer, die, vor vielen hundert Jahren,
    Das erste Volk der Erde waren,
Doch wenigstens sich dünkten es zu seyn;
    Die große Schreiber ihrer Thaten
Und Dichter auch, und große Redner hatten,
    Und Weise, groß und klein;

Die stolz auf ihrer Helden Schaaren
Auf ihre Regulos und Scipione waren,
    Und Ursach hatten es zu seyn;
Die fiengen endlich an und aßen Ochsenbraten,
    Frisirten sich, und tranken fleißig Wein —
Da war's geschehn um ihre Heldenthaten,
    Um ihrer Dichter eblen Reih'n,
Um ihre Redner, ihre Schreiber;
Da wurden's große dicke Leiber,
    Und Memoirs= und Zeitungs=Schreiber,
    Und ihre Seelen wurden klein;
Da kamen Oper und Castraten,
    Und Ehebruch und Advocaten,
    Und nistelten sich ein.
O, die verdammten Ochsenbraten!
O, der verdammte Wein!

Brief an den Mond. No. 2.

——— Sie haben ihn zerrissen, Madam! Ach, die Trazischen Weiber haben den Orpheus zerrissen! Und er war ein Engel im Schleyer der Menschlichen Natur, groß und gut! der wahrhaftige Adam der Griechen — lassen sie mich um ihn klagen, nicht mit Geschrey und Thränen; mit dem ernsten Schweigen, wenn Geschrey und Thränen zu wenig sind und nur stille Zückungen, wie Blitze, im verstörten Ge=

sicht flattern und auf den blassen Lippen! Und sollt' ich nicht? Denn sie winden sich, wie die giftige schreckliche Hydra um Laocoons Hüften bis hinauf an den Nacken; er ringt umsonst, das Ungeheur von sich zu streifen, und steht da, ein trauriges Jammerbild, und seine Kinder um ihn! —

Auf diesen harten, unverbaulichen Bissen will ich Ihnen zur Aufheiterung von Daphne's Begräbniß erzählen. Niemand hatte von unsrer Liebe gewußt; und, als sie das Mädchen daher trugen, kam ich wie von ohngefähr, sah nach dem Sarge hin!! und gieng vorüber; als aber der Grabhügel wieder allein war, und die liebe stille Nacht ihn bedeckte —— doch was erzähle ich Ihnen, Sie haben mich ja auf dem Grabe gesehn.

Hinz und Kunz.

Kunz. Wie viel sind Aerzte in Paris?
Ich glaube, sind wohl hundert gar.

Hinz. Sind mehr noch, Nachbar, ganz gewiß!
Denkt nur, die Todtenliste von Paris
Ist zwanzigtausend alle Jahr.

Der Frühling. Am ersten Maymorgen.
Der Gr. A. L. — g.

Heute will ich frölich frölich seyn,
  Keine Weis' und keine Sitte hören;
Will mich wälzen, und für Freude schrein,
  Und der König soll mir das nicht wehren;

Denn er kommt mit seiner Freuden Schaar
  Heute aus der Morgenröthe Hallen,
Einen Blumenkranz um Brust und Haar
  Und auf seiner Schulter Nachtigallen;

Und sein Antlitz ist ihm roht und weis,
  Und er träuft von Thau und Duft und Seegen —
Ha! mein Thyrsus sey ein Knoßpenreis,
  Und so tauml' ich meinem Freund' entgegen.

Die Correspondenz zwischen mir und meinem Vetter, die Bibelübersetzungen betreffend.

Hochgeehrter
  Hochgelahrter Herr Vetter!

'Marschirte neulich mit ein'm Camraden durch'n Dorf neben der Kirch' hin; die Thür zum Gottesacker stand offen, und wir giengen h'nein. 's ist mit

dem Menschlichen Herzen wie mit 'm Meer. Da
gibt's von Zeit zu Zeit Windstillen, und denn müs=
sen die Schifleute zu Anker liegen. Ich hasse nun
aber das zu Anker liegen, und nehme bey solchen
Umständen alle Gelegenheit wahr, wieder flott zu
werden und einen frischen Kühlwind in meine Seegel
zu treiben, und so pfleg' ich denn h'nein zu gehn
wenn so 'ne Gottesackerthür offen steht; da sind
Grabhügel, und Kreuze mit Grabschriften und schö=
nen Sprüchen dran, und so giebt ein Gedank den
andern, und 's Herz fängt ein'm wieder an zu pul=
siren, und zu sich selbst zu kommen.

Was ich meinem Hochgeehrten Herrn Vetter ei=
gentlich erzählen wollt', ist noch nicht gewesen, son=
dern kommt nun erst, und betrift die Sprüch' an
den Kreuzen. Ich kannte sie nämlich alle lange schon,
und wußte sie auswendig, aber hier an 'n Kreuzen
leuchteten sie mir ganz anders ein, noch eins so
kräftig, und als wenn sie mit feurigen Buchstaben
geschrieben wären. Weiß nicht, mir wackelte eine
Thrän' im Aug', ob's darum so schien, oder wie's
war. So viel hab' ich aber draus gemerkt, daß
man nicht immer und von je her aufgelegt ist, einen
Spruch zu verstehen, und auch wohl nicht zu über=
setzen.

Ersuche den Herrn Vetter um seine Gedanken,
und verbleibe allstets ꝛc.

*

Mein Hochgeehrter Herr Asmus,
Werthester Herr Gönner und Vetter,

Freilich hat er's seiner Wackelthräne zu danken, Vetter! daß ihm der Sinn über die schönen Sprüche geöfnet worden ist, und freilich ist man nicht immer aufgelegt zu verstehen, und zu übersetzen, sonderlich wenn ein warmer hoher Geist in das Sprachstückchen gelegt ist. Denn der läßt sich ohne sympathetische Kunststücke nicht herausbannen, sieht er, und wenn einer die nicht hat und doch bannt; so kommt der Geist nicht selbst, sondern schickt einen kurzen puck= zichten Purzelalp mit hoher Frisur und Puder, die Leute zu äffen. Dieser Casus ereignet sich am häu= figsten bey den neuen Bibelübersetzungen, sieht er. Denn, weil die Nase wenigen Menschen auf die Art Empfindungen und Lehren geschliffen ist, so sind hier die sympathetischen Kunststücke am schwersten, und die Purzelalpe sehr bey der Hand."

Kommt bald einmahl zu mir, närrischer Kerl, so sollt ihrs selbst sehen. Laßen sie doch die heiligen Männer Gottes wie Belletristen, und wie Professores Eloquentiae sprechen, und die guten Männer hatten kein Arg aus Aesthetick. Luther war fürerst ein großer Mann; halt' er sich an ihm, Vetter, und geht keine offne Gottesackerthür vorbey.

Sein Diener ꝛc.

Einem Recensenten zu Ehren.

Heil, Heil, dem Kritikaster!
Zweymahl zu lesen haßt er,
Und läs' er zehnmal; sein Gesicht
Scheint schwach, er säh' es doch wohl nicht.

Der Tod und das Mädchen.

Das Mädchen.

Vorüber! Ach, vorüber!
Geh wilder Knochenmann!
Ich bin noch jung, geh Lieber!
Und rühre mich nicht an.

Der Tod.

Gib deine Hand, Du schön und zart Gebild!
Bin Freund, und komme nicht, zu strafen.
Sey gutes Muths! ich bin nicht wild,
Sollst sanft in meinen Armen schlafen!

Als Daphne krank war.

Endymion. Fremder Mann! Weißt du keine Grabstätte für mich?

Der Fremde. Jüngling, deine Seele liebt!
    Sanfter Jüngling! Aber sey nicht
        betrübt!
    Sieh! der Frühling kommt nun wieder,
    Und die Natigall,
    Und die Blumen kommen wieder,
    Und der Wiederhall,
    Und wir singen Frühlingslieder,
    Und denn fallen in den Schall
    Tausend weisse Blühten nieder.
    Jüngling! Sieh, der Frühling kommt
        nun wieder,
    Und die Nachtigall.
Endymion. Fremder Mann! Weißt du keine
    Grabstätte für mich?

———

Im May.

Tausend Blumen um mich her,
    Wie sie lachend stehn!
Adam hat nicht lachender
    Sie am Phrat gesehn.
Hier, die schöne, grüne Flur,
Hier, der Wald, und der Waldgesang!
    O Natur, Natur,
    Habe Dank!

———

Brief an den Mond. No. 3.

Ich komme eilig zu Ihnen mit einer Thrän' im Auge, heilige Klaggestalt! Heimchen der Natur! Sie wimmern zu hören, und mich einen Augenblick in den Falten ihres sanften sympathetischen Gewandes zu verbergen — O, es dauert mich so, daß Sie Ihren kleinen Endymion verlohren haben!

☞ Der Teutsche Merkur ꝛc.

Von dem beliebten Teutschen Merkur ist herausgekommen des achten Bandes 1stes, 2tes und 3tes Stück. Auch diese Stücke sind sehr reichhaltig und mannigfaltig, an Buchhändler-Avertissements, Anzeigen, auch an Hymnen, Liedern, Auszügen aus erbaulichen Briefen, Uebersetzungen und eigenen Aufsätzen ꝛc. Das merkwürdigste ist die Fortsetzung der kritischen Nachrichten vom Zustande des Teutschen Parnaßes; nicht als ob sie etwa besondre Merkwürdigkeiten von der deutschen neuen Litteratur enthielte, sondern weil sie so lustig zu lesen ist. Man sagt, dieser Aufsatz rühre von dem Herrn Herausgeber selbst her; das ist aber so wenig, daß er vielmehr den Aufsatz nicht einmahl vor Abbruck desselben kann gesehn haben, weil er sonst die lauten Schmeicheleyen, die ihm darinn gemacht werden, gewiß würde weggestrichen haben. Doch dem sey wie ihm wolle, so wird in diesen Nachrichten, nach vorläufigen Aeusserungen, was ein Original=Schriftsteller, Heerführer und Sectirer sey oder nicht sey, und nach einigen losen Wendungen über die Journalisten=Rotten, Clubs und Complots, kund und zu wißen gethan wie folget: 1) Herr Hamann möge wohl ein Original=Schriftsteller seyn, schreibe aber nonsensikalisch und chaotisch, und ahme Ideen des Merkurs nach; 2) desgleichen sey Herr Herder so ein dito, der in einem Buch mehr verdunkelt als aufklährt, in dem andern wie ein Zelot schreibt, und im dritten aus einer Hypothese alles herleitet; so gehöre 3) auch leider Herr Klopstock zu Hamanns und Herders Parthey, habe aber doch einen erhabenen Geist, der in seiner neuen Prosa allzugebrängt und zugespitzt, in seinen Vorschlägen Chimärisch und in seinen Oden hochbrausend sich gebehrdet; 4) Herrn D. Göthe wiederfährt Gerechtigkeit, nur ist er durch eine leidige Sympathie zu jener Secte hingerissen worden, davon sogar irgendwo ein gedrucktes Bekänntniß zu lesen ist; habe auch splenetische Stunden ꝛc. 5) die beyden Herrn Grafen zu Stolberg haben zwar Talente die in die Augen fallen, doch sie arbeiten sich in eine fremde Manier hinein; 6) wird Herr von Gerstenberg zwar gerühmt, doch auch nicht ganz ohne aber; und von Herrn Bürger, Miller, Hölty, Voß ꝛc. wird viel wahres gesagt; 7) auch so gar S. T. Asmus der Bothe wird nicht vergessen; er ist ein sehr geschäftiger Lobredner von Klopstock, und könnte sich, wenn er der leidigen Lobrednerey nicht so nachhienge, eigne Verdienste erwerben; so aber ist Hopfen und Malz an ihm verlohren, zumal er die Grille hat, seine Nase in mystischen und abentheurlichen Unrath zu stecken, daraus denn am Ende freilich nichts kluges werden kann, u. s. w.

Wir haben keinen Auftrag, von wegen der andern Herrn etwas zu erwiedern, sie werden auch wohl, was ihnen zu Lob, Tadel oder zur Lehre gesagt ist, ganz still einstecken wollen; aber von wegen S. T. Asmus haben wir folgendes in Antwort zu vermelden: 1) Er befinde sich mit seinem ganzen Hause bis dato gottlob sehr wohl; 2) die Lobrednerey sey ein Naturfehler an ihm, übrigens sey es blosser Zufall, daß er seinen Naturfehler grade zum Lobe von Hamann, Klopstock, Herder ꝛc. ꝛc. in Bewegung gesetzt habe, und könne das Unglück eben so gut einen andern Anführer von Partheyen betroffen haben; 3) er danke ergebenst, für die gütige Aeusserung von nicht unwahrscheinlicher Erwerbung eigner Verdienste, bedaure aber anbey, daß, da seine Begriffe von Verdienst von den Begriffen des Teutschen Merkurs etwas abzugehen geneigten, er von dem wohlgemeinten Rath keinen Gebrauch machen könne; er bitte 4) gehorsamst, daß ihm von Zeit zu Zeit über die Cultur seiner etwanigen Anlage und besonders über die Mystick, von Weimar aus, Rath und Licht an Hand möge gegeben werden; und, da 5) der Teutsche Merkur einmahl ein

Buch für die Nachwelt ist, und seine, des Asmus,
Werke nun heraus gekommen sind, daß er doch in
folgenden Stücken des Merkurs etwa mit einem
halbblauen Auge davon kommen möge, angesehen er
sich sonst leicht etwas zu Gemüth ziehen könnte; end=
lich 6) wünsche er dem Teutschen Merkur und
dem Herrn Herausgeber und seinem Genio alles gu=
tes, und danke für die rühmliche Anzeige von Herrn
Bodens Uebersetzung des Tristram Shandi, die
er, der Asmus, auch gut finde.

Hinz und Kunz.

H. Bist auch für die Philosophey?
K. Was ist sie denn? so sag's dabey.
H. Sie ist die Lehr, daß Hinz nicht Kunz, und
   Kunz nicht Hinze sey.
K. Bin nicht für die Philosophey.

Lied.

Ich bin ein deutscher Jüngling,
 Mein Haar ist kraus, breit meine Brust;
Mein Vater war
Ein edler Mann, ich bin es auch.

Wenn mein Aug' Unrecht siehet,
    Sträubt sich mein krauses Haar empor,
Und meine Hand
Schwellt auf und zuckt und greift ans Schwerdt.

Ich bin ein deutscher Jüngling!
    Beim süßen Nahmen »Vaterland«
Schlägt mir das Herz,
Und mein Gesicht wird feuerroht. —

Ich weiß ein deutsches Mädchen;
Ihr Aug' ist blau, und sanft ihr Blick,
    Und gut ihr Herz,
Und blau, o Hertha, blau ihr Aug!

Wer nicht stammt vom Thuiskon,
Der blicke nach dem Mädchen nicht!
    Er blicke nicht,
Wenn er nicht vom Thuiskon stammt!

Denn ihres blauen Auges
Soll sich ein edler Jüngling freun!
    Sie soll geliebt,
Soll eines edlen Jünglings seyn!

Ich bin ein deutscher Jüngling,
Und schaue kalt und kühn umher,
    Ob einer sey,
Der nach dem Mädchen blicken will.

☞ Emilia Galotti, ein Trauerspiel von Gotthold Ephraim Leßing. Berlin, bey Voß ꝛc.

Wollt's wohl machen, wie der Maler Conti; er lehnte anfangs das Gemälde der Emilia verwandt gegen einen Stuhl, aber die Leser haben wohl nicht so viel Gedult als der Prinz, will's also lieber gleich umwenden, daß sie die runden hervorliegenden Figuren sehn, den rauhen biedern Odoardo, den feinen guten Appiani, den Engel Emilia, den schönen frechen infamen Sünder Angelo, und den noch infamern Filou und Hofschranzen Marinelli. »Der »Künstler scheint mit dem Auge gemalt zu haben, »weil so wenig auf dem langen Wege aus dem Auge »durch den Arm in den Pinsel verlohren gegangen »ist; alles wie aus dem Spiegel gestohlen; das »Stück soll nicht aufgehangen werden, soll bey der »Hand bleiben, nicht wahr?«

Das erste also was ich von diesem Trauerspiel zu sagen habe, ist, daß es mir gefallen hat. Das heißt nun wohl eben nicht viel gesagt, aber es ist auch nie meine Sache gewesen, viel zu sagen; und wer da sagte, daß es ihm nicht gefallen habe, der hat doch noch weniger gesagt. Freilich wenn ich verstünde was zu einem guten Trauerspiel gehört, so könnt' ichs alles weitläuftig mit Gründen belegen, und sagen so und so und dies und das und darum. So aber kann ich nur schlechthin sagen was mir sonderlich gefallen hat, und das will ich frey thun, damit mich der Maler Conti nicht ins Kloster schicke. Sonderlich denn hat mir gefallen der Stolz des Malers Conti in seinem Gespräch mit'm Prinzen, sonderlich daß Camilla Rota das Todesurtheil doch wohl nicht mitgenommen hatte, sonderlich der Morgenbesuch des alten Odoardo, sonderlich Pirro und Angelo, sonderlich Odoardo und Claudia, sonderlich daß Emilia nichts vor dem Grafen Appiani auf dem Herzen behalten wollte, sonderlich die melancholische Schwärmerey des Grafen Appiani, sonderlich sein Gespräch mit dem Hofschranzen, sonderlich Angelo und Marinelli, sonderlich Emilia, sonderlich Marinelli und Claudia, sonderlich Orsina und Marinelli, sonderlich Odoardo und Orsina, sonderlich Marinelli der Prinz und Odoardo, sonderlich das ganze Stück von der »Kunst die nach Brodt geht« bis zu Odoardo's schönem »Zieh hin.« Der Schuß im 1. Auftritt des 3. Acts hat mich recht erschreckt; ich war mir auf hundert Meilen noch keinen Schuß vermuthen. Auch die Orsina hat mich ein Paar mal recht surprenirt; der Henker erwarte so viel Geist, Entschloßenheit und feste Wuht von einer solchen Nickel; 's gar ein verteufeltes Weib, aber meisterhaft wie die andern.

Ein Ding hab ich nicht recht in Kopf bringen können, wie nämlich die Emilia S. 149. so zu sagen bey der Leiche ihres Appiani an ihre Verführung durch einen andern Mann und an ihr warmes

Blut denken konnte. Mich dünkt, ich hätt' an ihrer Stelle nakt durch 'n Heer der wollüstigsten Teufel gehen wollen, und keiner hätt' es wagen sollen mich anzurühren. Doch das kommt mir wohl nur so vor, und ich habs bloß gesagt, damit ich mich ganz leedig sagte. Wollt's auch für viel nicht mit Herrn Leßing verderben. Er fackelt nicht; zwar er gäb sich auch mit'm schlichten Bothen wohl nicht ab, er ists so mit Geheimden Rähten gewohnt.

*

Die Geschichte von Sir Robert.

Sir Robert, der in seinem Herzen,
Sir Robert konnte nicht dafür,
Mit Liebe ist, das wißen wir,
Wie mit dem * * nicht zu scherzen,
Er also, der in seinem Herzen
Sein bisgen Liebe auch empfand,
Und auf sein wiederhohltes Klagen
Kein Mitleyd bey der Betty fand,
Beschloß, den Kopf sich einzuschlagen.
Der Henker wird ihn doch nicht plagen!
Sir Robert! Ja, da half kein Schrein,
Er gieng zur Betty hin, und schlug den Kopf
                                                 sich ein.
Die Leute laufen zu, und drängen sich und fragen!

Was Robert wiederfahren sey.
»Ps! sprach die Betty, kein Geschrey!
»Er hat den Kopf sich eingeschlagen.«

Ueber den Vorzug der Gelehrten, mit einer langen Note aus'm Baco.

Da hab ich mich neulich gezankt, und das ist mir recht ärgerlich. Unser ein'm ist's wohl so sehr nicht zu verdenken; man versteht nichts rechts, und dazu haben wir gemeinen Leut' unsre Leidenschaften, die uns oft bey'n Ohren weiter ziehn als man gern wollte, ja wohl als man gern wollte; aber 's ist doch ärgerlich, und es fällt ein'm unterwegs immer wieder ein. Der Bach so ruhig, denk ich denn, wenn ich über'n Steg geh', und du hast so gezankt!

Hmm! 's ist 'n rechtes Leid mit den Leidenschaften! man könnt' in der Welt leben wie'n Kind an Mutterbrust, wenn sie uns das Spiel nicht verderbten; aber sie verderben's! Am Mastbaum gebunden und Kütt' in'n Ohren ist mühsam und umständlich, und das Harfenstückgen ist schwehr zu treffen. *) — Ja, aber das ist recht curiös, daß die

---

*) Restat de remediis parabola non abstrusa ea quidem, sed tamen prudens et nobilis. Proponuntur enim mali tam callidi, et tam violenti remedia tria. Duo a Philosophia: tertium a Religione. Atque primus effugii modus

Gelehrten auch zanken! die kennen doch was be=
ßers, und können mit der Philosophie 'n Stück auf=
spielen, daß Tiger und Löwen händelecken, und
Klötz' und Stein anfangen zu tanzen. Das können
die Gelehrten, das hat schon vor tausend Jahren
einer gethan, und was werden sie sint der Zeit nicht
für Paßpages gelernt haben. Sans Comprai=
son! Neid, Eitelkeit, Geitz, Wollust und wie's Un=
geziefer weiter heißt, da weiß 'n Gelehrter nicht
von, das muß alles h'raus, und das ist nur noch
erst so das Stimmen zur Musik, das Kämmen und
Waschen zur Audienz beym Schnittermädchen des
Himmels. Und doch zanken sie so viel und gewaltig
unter einander, und das kann ich man eben nicht

---

est, ut quis principiis obstet, atque omnes occasiones, quae
animum tentare, et sollicitare possint, sedulo devitet: id
quod obturatio illa aurium denotat: atque hoc remedium
ad animos mediocres, et plebeios necessario abhibetur,
tanquam ad comites *Vlissis.* Animi autem celsiores etiam
versari inter medias voluptates possunt, si decreti constan-
tia se muniant: quin et per hoc, virtutis suae experimentum
magis exquisitum capere gaudent; etiam voluptatum inep-
tias et insanias perdiscunt, potius contemplantes, quam ob-
sequentes; quod et *Solomon* de se professus est, cum enu-
merationem voluptatum, quibus diffluebat, ea sententia clau-
dat: *Sapientia quoque perseveravit mecum.* Itaque hu-
iusmodi heroës inter maximas voluptatum illecebras se im-
mobiles praestare, atque in ipsis earum praecipitiis se
sustinere queant; tantum ad *Vlissis* exemplum, interdictis
perniciosis suorum consiliis et obsequiis, quae animum
maxime omnium labefactare et solvere possint. Praestan-
tissimum autem in omni genere est remedium *Orphei;* qui
laudes Deorum cantans et reboans, SIRENUM voces con-
fudit, et summovit. Meditationes enim rerum divinarum,
voluptates sensus non tantum potestate, sed etiam suavitate
superant.   *Baco de sapientia Veterum.*

so recht begreifen, und da pflegt mir denn allerley dabey einzufallen, so allerley Gleichung u. s. w. z. Er. Als ich noch Knab war mit den andern Knaben, war in unserm Dorf auch 'n Mädchen, hieß Rebecca. Sie hatt' ein Paar blaue Augen und ihr Gesicht war weiß und roht, und alle wir Knaben buhlten um sie. Wie's manchmal trift daß 'n blindes Huhn auch 'n Korn findet, so giengs auch hier. De gustibus non est disputandum, kurz und gut sie drückte mir einmahl unter vier Augen die Hand, und sagte, daß ich's sey und daß ich's immer bleiben solle. Ich kann nicht genug sagen, was mir da für 'n Stein vom Herzen fiel, und wie mir nun Tag und Nacht so kurz, und alles so leicht ward. Mich verdroß keine Mühe, ich ließ fünf immer grade seyn und war immer gutes Muhts; und wie mir war, wenn die andern von dem Mädchen und ihrer Gunst disputirten und sich unter 'nander zankten, wie mir denn war, und wie wenig ich Lust hatte mit zu zanken, das weiß ich wohl.

So will ich nur so viel sagen, 's sey recht albern, daß ich hier so'n alt Schäferdönchen erzähle, das hier gar nicht her gehört; aber wenn einer beym Schnittermädchen des Himmels so stünde als ich bey der Rebecca, der würde gewiß nicht zänkisch und brummsch seyn! und manchmal kanns einem würklich so vorkommen, als obs mit den Herren Gelehrten und dem Kämmen und Waschen und der Audienz nicht so allerdings richtig seyn möchte.

※

Nachricht von Asmodi, samt angehängter Formel.

Asmodius, der Bösewicht,
  Sä't Eifersucht und Zweifel;
Ach, Herr Asmodi! thu' ers nicht,
  Und scheer' er sich zum T**.

Brief an Andres die Illumination betreffend.

Wir haben hier heint Nacht Illumination gehabt, mein lieber Andres. Sieht er, da hangen denn Lampen in allen Hecken und Bäumen, und sind solche Bogen und Säulen mit Lampen, und so'n S. Michael der nach dem Lindwurm stößt und die Gartenhäuser sind voll Lampen über und über, und dicht am Wasser sind Lampen, daß man die Fische kann spielen sehn, und gehn so viel Leut' aus Hamburg im Garten hin und her, sieht er, und das heißt denn Illumination und ist recht curiös zu sehen, und kostet viel Oel. Ja, Andres, wir beide hätten unser Lebelang daran zu brennen gehabt, aber damit wär keine Illumination geworden, Andres, und wer 'n Oel denn so hat, sieht er, der läßt 'n denn so brennen.

Dergleichen Illuminations nun sind nur für große Herren und Potentaten, doch kann unser einer 's auch sehen, und er hätt's auch sehen können wenn

er nicht immer am unrechten Ort wär. Ich hätt'
's ihm wohl vorher melden können, aber ich dachte,
's wäre auch noch Zeit, wenn er's nur nachher er=
führe. 's ist hier ein Prinz gewesen und eine Prin=
zeßin, sieht er, und darum hat's der gnädige Herr
auch so schön gemacht, und die Canonen auch lösen
laßen. Wollte doch, daß ich's ihm vorhergeschrieben
hätte, so hätt' er die Canonen auch hören können. -
Doch, wenn er leben soll, hat er ja wohl noch Ge=
legenheit Canonen zu hören. Ich wills ihm sonst
auch schreiben wenn wieder Illumination ist.

Sapperment, Andres, das waren 'n mahl viele
Lampen! auch stand der Mond am Himmel und
schien — für den Prinzen und für uns alle.

Leb er wohl. ꝛc.

Hinz und Kunz.

H. Mein Junge da, das ist ein Junge der!
Kein Kuchen ist so rund wie er,
Und hat dir, hör, vor hunderttausend Knaben,
Ganz sonderbare Gaben.
Was meinst du wohl, er buchstabirt schon frisch;
Und sähst du ihn beym Abendseegen,
Da sieht er aus, als wär ihm groß daran ge=
legen,
Und kneipt indeß die andern unterm Tisch!
Nun, Kunz, was hältst du ihn?
K. Bey meiner Seel, es steckt ein Pfarrer d'rin!

Brief an Andres.

Da schreib' ich Ihm schon wieder, und diesmahl halt er mir nur noch Stand, mein lieber Andres, denn soll er auch fürerst Ruhe haben. Ich kann doch nicht so ins große Blaue schießen, muß doch jemand haben nach dem ich ziele, und er ist mir so recht bequem und paßlich, nicht zu dum und nicht zu klug, und sein Gemüth ist nicht böse. Will auch Brüderschaft mit dir gemacht haben, Bruder Andres.

Was du mir unterm 34sten passati von dem neuen Holzbein und der Bärenmütz schreibst, die du dem alten lahmen Dieterich heimlich auf sein Strohlager hast hinlegen laßen, hat mir nicht unrecht gefallen; darüber aber muß ich recht lachen, daß dir nun nach seinem Dank 's Maul doch so wäßert. 's wäßert einem benn so, Andres, mußt aber alles hübsch hinterschlucken. Dieterich bleibt ja im Lande, kannst ja alle Tage, wenn er vorbeyhinkt, dein Holzbein noch sehen und deine Bärenmütz. Aber dem Dank wolltst du gar zu gern zu Leibe? Nun, reiß dir deshalb kein Haar nicht aus, 's geht andern ehrlichen Leuten auch so; man meint Wunder, was einem damit geholfen seyn werde, und ist nicht wahr; hab's auch wohl eher gemeint, aber seit Bartholomäi hab ich mich drauf gesetzt daß ich von keinem Dank wißen will, und wenn mir nun einer damit weitläuftig angestiegen kommt, so karbatsch' ich drauf loß, und das alles aus purem leibigen

Intreße, wahrhaftig aus purem Intreße. Denn
sieh, Andres, du wirst's auch finden, wenn die
Sach' unter die Leut' ist und Dietrich gedankt hat,
denn hat man seinen Lohn dahin und 's ist alles rein
vorbey; und was ist es denn groß zu geben, wenn
man's hat? Wenn aber keine Seel' von weiß, sieh!
denn hat man noch immer den Knopf auf'm Beutel,
denn ist's noch immer ein treuer Gefährt um Mit=
ternacht und auf Reisen, und man kann 's ordent=
lich als'n Helm auf 'n Kopf setzen wenn ein Gewit=
ter aufsteigt. Herzlicher Dank thut wohl sanft, alter
Narre, doch ist das auch keine Hundsvötterey, heim=
lich hinlegen, und denn dem armen Volk als 'n un=
sichtbarer Fierk hinterm Rücken stehn und zusehen,
wie 's würkt, wie sie sich freuen und handschlagen,
und nach dem unbekannten Wohlthäter suchen. Und
da muß man sie suchen laßen, Andres, und mit
seinem Herzen in alle Welt gehn.

Aber, hör, man muß auch nicht jedem Narren
geben der einen anpfeift. Die Leut wollen alle
gern haben, und ist doch nicht immer gut. Mangel
ist überhaupt gesunder als Ueberfluß, und traun,
glaube mir, 's ist viel leichter zu geben, als recht
zu geben. Auf'n Kopf mußte Dietrich was haben
und 'n neues Bein auch, das versteht sich, aber es
giebt sehr oft Fälle, wo es beßer und edler ist, ab=
zuschlagen und hart zu thun.

Versteh mich nicht Unrecht; wir sollen nicht ver=
gessen, wohlzuthun und mitzutheilen, das hat uns
unser Herr CHRISTUS auch, gesagt, und was

der gesagt hat, Andres, da laß ich mich todt drauf schlagen. —

Hast du wohl eher die Evangelisten mit Bedacht gelesen, Andres? — Wie alles, was ER sagt und thut, so wohlthätig und sinnreich ist! klein und stille, daß man's kaum glaubt, und zugleich so über alles groß und herrlich, daß einem 's Knie= beugen ankommt, und man's nicht begreifen kann. Und was meinst du von einem Lande, wo seine herrliche Lehr in eines jedweden Mannes Herzen wäre? Möchtst wohl in dem Lande wohnen?

Ich habe mir einen hellen schönen Stern am Himmel ausgesucht, wo ich mir in meinen Gedan= ken vorstelle, daß ER da sein Wesen mit seinen Jüngern habe. Ich seegne den Stern in meinem Herzen und bet' ihn an, und oft wenn ich's Nachts unterwegen an den Rabbuni denke und zu dem Stern aufseh', überfällt mich ein Herzklopfen und eine so kühne überirrdische Unruhe, daß ich würk= lich manchmal denke, ich sey zu etwas beßerm be= stimmt, als zum Brieftragen; ich trag indeß immer den Weg hin und find' auch bald wieder, daß es mein Beruf sey. Halt! 's wird schon Tag, und der Morgen guckt durch die Vorhänge ins Fenster! Junge, mir ists so wohl dahier hinter den Vorhän= gen in dieser Fruhstund! möchte dich gleich umarmen, wenn du den fatalen sauren Rauch aus'm Magen nicht an dir hättest. Leb wohl, du alter Sauer= topf, und grüße deinen H. Pastor, für den ich Re= spect habe, weil er so 'n lieber guter H. Pastor ist, und so from aussehend, als ob er immer an Etwas jenseit dieser Welt dächte, und nicht so dick. 's Morgens bey meiner Lampe, die NB. keine von den berühmten »nächtlichen Lampen der Weisen« ist, sondern eine ganz natürliche Thranlampe.

*

Bey dem Grabe meines Vaters.

Friede sey um diesen Grabstein her!
    Sanfter Friede Gottes! Ach, sie haben
Einen guten Mann begraben,
    Und mir war er mehr;

Träufte mir von Seegen, dieser Mann,
    Wie ein milder Stern aus beßern Welten!
Und ich kann's ihm nicht vergelten,
    Was er mir gethan.

Er entschlief; sie gruben ihn hier ein.
    Leiser, süsser Trost, von Gott gegeben,
Und ein Ahnden von dem ew'gen Leben
    Düft' um sein Gebein!

Bis ihn Jesus Christus, groß und hehr!
Freundlich wird erwecken — ach, sie haben
Einen guten Mann begraben,
Und mir war er mehr.

Inhaltsverzeichniß

über die

8 Theile des Wandsbecker Bothen,

oder

Matthias Claudius Werke

in vier Bänden.

Erster Band,

enthaltend den 1ften, 2ten und 3ten Theil.

Ifter und IIter Theil.

	Pag.
Mein Neujahrslied	1
Batteux. Geschichte der Meynungen der Philosophen von den ersten Grundursachen der Dinge. Aus dem Französischen übersetzt	3
Jean qui rit et Jean qui pleure, eine pièce fugitive des Herrn v. Voltaire 2c.	4
Kuckuck	5
Am Charfreytagmorgen	6
Impetus Philosophicus	6
Was ich wohl mag	7
Der Schwarze in der Zuckerplantage	8
Die Henne	8
Paraphrasis Evangelii Johannis etc.	9
Eine Chria, darin ich von meinem academischen Leben und Wandel Nachricht gebe	10
Bey dem Grabe Anselmo's	13

	Pag.
Brief an Andres	14
Neue Apologie des Socrates, oder Untersuchung der Lehre von der Seeligkeit der Heiden ꝛc.	15
Charlotte und die Mutter	17
Alt und neue Zeit	17
Neue Apologie des Buchstaben H oder außerordentliche Betrachtungen über die Orthographie der Deutschen von H. S. Schullehrer ꝛc.	18
H. Dr. Cramer's Psalmen mit Melodien v. C. P. E. Bach ꝛc.	19
Als er sein Weib und's Kind an ihrer Brust schlafend fand	20
Ueber das Genie	21
Hier liegen Fußangeln	23
An —, als ihm die — starb	23
Der Tempel der Musen	24
Ein Lied um Regen	24
(Fortsetzung von p. 21.)	25
Klage um Aly Bey	30
Hinz und Kunz	31
Im Junius	32
Ein sonderlicher Casus von harten Thalern und Waldhorn	32
Phibile	34
An die Nachtigall	36
Aelteste Urkunde des Menschengeschlechts u. s. w.	36
Die Mutter bey der Wiege	42
Wandsbeck, eine Art von Romanze von Asmus p. t. Bothe daselbst, mit einer Zuschrift an den Kaiser von Japan	43
Die Leiden des jungen Werthers u. s. w.	51
Fritze	52
Diogenes von Sinope u. s. w.	52
Von meinem Freunde Virgilius	53

	Pag.
Als der Hund tobt war	54
Ueber die Musik	55
Ein Lied, nach der Melodie my mind a kingdom is u. s. w.	60
Oden, Hamburg bey J. J. C. Bode	62
Aus dem Englischen	67
Brief an Andres	67
Hinz und Kunz — dem Gerichtshalter in — gewidmet	68
Fuchs und Bär	69
Bekehrungsgeschichte des — —	69
Kuckuck am Johannistage an seine Collegen	71
Discours sur les fruits des bonnes études — —	72
Grabschrift auf den Windmüller Jackson	73
Ein Brief an den Mond Nro. 1.	73
Ich wüßte nicht warum	75
Die Biene	75
Brief von Pythagoras an Fürst Hiero von Syracusa	75
Ein Fragment, das nach der Stoa schmeckt	77
Eine Disputation zwischen H. W. und X. und einem Fremden über H. Pastor Alberti's Anleitung zum Gespräch über Religion u. s. w.	78
An Herrn N. N. Litteratus	91
Das unschuldige Mädchen	91
Vergleichung	92
Fuchs und Pferd	92
An eine Quelle. 1760	93
Steht Homer z. E. unter'm Spruche des Aristoteles und Compagnie?	93
Universalhistorie des Jahrs 1773, oder silbernes A. B. C. (defect)	96
Von Projecten und Projectmachern	97

	Pag.
Die Nachahmer	97
Von Schwedenborg, nach Anleitung einer zu seinem Andenken abgelesenen Rede u. s. w.	98
Ein Wiegenlied, beym Mondschein zu singen	103
Ein dito	105
Noch ein dito für belesene und empfindsame Personen	107
Abhandlung über den Ursprung der Sprache u. s. w. von Herder	107
An S. bey — Begräbniß	110
Denksprüche alter Weisen mit meinen Randglossen	111
Speculations am Neujahrstage	114
Ein Versuch in Versen	115
Brief an den Mond Nro. 2.	116
Hinz und Kunz	117
Der Frühling am 1sten Maymorgen	118
Eine Correspondenz zwischen mir und meinem Vetter, die Bibelübersetzungen betreffend	118
Einem Recensenten zu Ehren	121
Der Tod und das Mädchen	121
Als Daphne krank war	121
Im May	122
Brief an den Mond Nro. 3.	123
Der Deutsche Merkur ꝛc.	123
Hinz und Kunz	126
Lied	126
Emilie Galotti, ein Trauerspiel von G. E. Lessing ꝛc.	128
Die Geschichte von Sir Robert	130
Ueber den Vorzug der Gelehrten, mit einer langen Note aus dem Baco	131
Nachricht von Asmodi sammt angehängter Formel	134

	Pag.
Brief an Andres, die Illumination betreffend	134
Hinz und Kunz	135
Brief an Andres	136
Bey dem Grabe meines Vaters	139

IIIter Theil.

Morgenlied eines Bauersmannes, mit Anmerkungen von meinem Vetter, darin er mich zum Besten hat	1
Auch eine Philosophie der Geschichte zur Bildung der Menschheit ꝛc. 1774	8
Abendlied eines Bauersmannes	10
Er schuf sie ein Männlein und ein Fräulein	12
Eine Correspondenz zwischen mir und meinem Vetter, das Studium der schönen Wissenschaften betreffend	13
Der große und der kleine Hund, oder Packan und Alard	15
Anselmuccio	16
Brief an Andres von wegen einer gewissen Vermuthung	17
Nachricht vom Genie	18
Serenata im Walde zu singen	19
Joh. Caspar Lavaters physiognomische Fragmente u. s. w.	21
Kunz und der Wucherer	27
Görgeliana	28
Phibile, als sie nach der Copulation allein in ihr Kämmerlein gegangen war	36
Die deutsche Gelehrtenrepublik ꝛc., herausgegeben von Klopstock u. s. w.	38
Wächter und Bürgermeister	41
Antwort an Andres auf seinen letzten Brief	43

	Pag.
Trinklied	46
Nachricht von meiner Audienz beym Kaiser von Japan	49
Täglich zu singen	81
Lückenbüßer	82
Christiani Zachaei Telonarchae Prolegomena über die neueste Auslegung der ältesten Urkunde des menschlichen Geschlechts u. s. w.	83
Als C. mit dem L. Hochzeit machte	84
An Prediger, 15 Provinzialblätter u. s. w.	85
Der Maler, der den Socrates gemahlt hatte	86
Der Mann im Lehnstuhl	87
Vorlesung an die Herren Subscribenten	88
Nach der Krankheit. 1777	101
Den Pythagoras betreffend, Hinz und Kunz	102
Ueber das Gebet, an meinen Freund Andres	103
Die Geschichte von Goliath und David in Reime gebracht	108
Brief an Andres wegen den Geburtstagen im August 1777	111
Rheinweinlied	116
Hussen's Dedication seiner Kriegslieder an Aly Bey	118
Motetto, als der erste Zahn durch war	118
Eine Correspondenz zwischen mir und meinem Vetter, angehend die Orthodoxie und Religionsverbesserungen	119
Parentation über Anselmo, gehalten am 1sten Weyhnachtstage	124

Zweyter Band,

enthaltend den IV^{ten} und V^{ten} Theil.

IV^{ter} Theil.

	Pag.
Motet	1
Ueber ein Sprichwort	2
Ein Lied vom Reiffen d. d. 7. Dec. 1780. Wandsbeck	4
Von der Freundschaft	7
Paul Erdmanns Fest	10
Vorrede des Uebersetzers. 1782	51
Abendlied	57
Das Gebet, das, nach dem Lactanz, ein Engel in der Nacht dem Licinius lehrte, u. s. w.	59
Ein Lied nach dem Frieden. Anno 1779	59
An die Frau B . . . r	62
Neue Erfindung	62
Ernst und Kurzweil, von meinem Vetter an mich	66
Auf den Tod der Kaiserin	79
Schönheit und Unschuld. Ein Sermon an die Mädchen	79
Kleine Geschichtchen, sammt, was man daraus lernen soll	82
Ein Lied hinter'm Ofen zu singen	87
Kriegslied	89
Ueber des Ritters Ramsey „Reisen des Cyrus"	90
Ein Lied in der Haushaltung zu singen, wenn ein Wechselzahn soll ausgezogen werden	92
Das Kind, als der Storch ein neues bringen sollte, für sich allein	93

	Pag.
An Frau Rebekka, bey der silbernen Hochzeit den 15. März 1797	94
Christiane	96
Der Tod	97
Die Liebe	97
Ueber die Unsterblichkeit der Seele	97
Ueber die Glückseeligkeit. Kreeschna	99
Hauptpunkte der von Hollwell bekannt gemachten Fragmente des Schasta oder des ursprünglich geoffenbarten Gesetzes	100
Briefe an Andres	103

VIIter Theil.

Eine Asiatische Vorlesung	1
Till, der Holzhacker	63
Ueber den allgemeinen Eifer der Menschen für Religion und religiöse Handlungen	65
Die Armen in Wandsbeck, an die Frau Schatzmeisterin, Gräfin von Schimmelmann, zu ihrem Geburtstag, den 29. Sept. 1793	71
Bemerkung	73
Vorrede zu der Uebersetzung von Fenelons Werken religiösen Inhalts	73
Ein Seeliger an die Seinen in der Welt	76
Kron' und Zepter, 1795	76
An meinen Sohn Johannes, 1799	78
Ein gülden A B C	84
Ein silbern dito	87

Pag.

Das letzte Capitel aus dem unvergeßlichen und vergessenen Werk des Groß-Kanzlers Franz Baco v. Verulam: de dignitate et augmentis scientiarum . . 91
Bacon's Glaubensbekenntniß. (Aus dem Englischen.) . 107
Aus Newtons Observationen zum Propheten Daniel, das 11. Cap., worinn er die Zeiten der Geburt und der Leiden Christi zu bestimmen sucht 120
Postscript an Andres 122
Einfältiger Hausvater-Bericht über die christliche Religion an seine Kinder Caroline u. s. w. 127
Bey der Einweihung unserer neuen Kirche den 30. Nov. 1800 163
Die Sternseherin Lise 167
Ueber die neue Theologie, an Andres 168
Valet an meine Leser 173

Vierter Band.

VIIIter Theil.

Das heilige Abendmahl 1
Impetus Philosophicus 24
An des Königs Geburtstag, den 28. Januar 1812 . . 28
Hochzeitlied 31
Auf D—— R——s Grab 32
P** und C** bey dem Begräbniß ihres J*** . . . 32
Auf einen Selbstmörder 34
Der Esel 34

Pag.

Vorrede zum 2ten Band der Ueberſetzung von Fenelons
Werken religiöſen Inhalts 35
Vorrede zum 3ten Band ꝛc. 59
Vom Vater=Unſer 62
Morgengeſpräch zwiſchen A. und dem Candidaten Bertram 70
Sterben und Auferſtehen 91
Geburt und Wiedergeburt 93
Brief an Andres 106
Der Philoſoph und die Sonne 114
Brief des Pythagoräers Liſias an den Hipparchus. (Aus
dem Griechiſchen) 115
Klage. (Aus dem Jahr 1793.) 118
Sprüche des Pythagoräers Demophilus. (Aus dem Grie=
chiſchen) 119
Oſterlied 121
Vom Gewiſſen. In Briefen an Andres 124
Von und Mit. Dem ungenannten Verfaſſer der Bemer=
kungen über des H. D. C. R. und G. S. Calliſen
Verſuch, den Werth der Aufklärung unſerer Zeit be=
treffend. (Gedruckt 1796.) 147
Predigt eines Laienbruders zu Neujahr 1814 219

Verlag von Friedrich Perthes in Hamburg:

Fenelons Werke religiösen Inhalts, übersetzt von M. Claudius. 3 Theile. gr. 8. Neue wohlfeile Ausgabe.
2 Thlr. 16 Ggr.

Luthers Werke. In einer das Bedürfniß der Zeit berücksichtigenden Auswahl. 10 Thle. 8. Pränum.=Preis
3 Thlr. 8 Ggr.

Neander, Aug., Geschichte der christlichen Religion und Kirche. 1r bis 6r Bd. Gute Ausg. gr. 8. 12 Thlr.
Dasselbe, wohlfeile Ausgabe. gr. 8. 6 Thlr.

Stolberg, Fr. Leopold Graf zu, Geschichte der Religion Jesu Christi. 15 Theile und 2 Bände Register. gr. 8. 12 Thlr.

Tholuck, Aug., die Lehre von der Sünde und vom Erlöser. 3te Aufl. gr. 8. 1 Thlr. 12 Ggr.

Ueber den Seelenfrieden, den Gebildeten ihres Geschlechts gewidmet von der Verfasserin. 3te Aufl. 8.
1 Thlr. 6 Ggr.

Weihnachtsgabe, biblische, für Jung und Alt. Gebunden 1 Thlr.

Ebel, J. W., über gedeihliche Erziehung, für Eltern und Erzieher. gr. 8. 16 Ggr.

General Graf Hoheim und seine Kinder. 2 Bde. 8.
1 Thlr. 20 Ggr.

Iken, H. Fr., Trostbibel für Kranke und Leidende. gr. 8. 1 Thlr.

Krüger, Fr. K., das Wort ward Fleisch, oder Betrachtungen über Johannes 1, 1 — 14. 8. 14 Ggr.

Hey, Wilh., Auswahl von Predigten. gr. 8. 14 Ggr.

Schmieder, H. E., Zeugniß von Christo in Predigten, gehalten zu Rom und Pforte. gr. 8. 1 Thlr. 8 Ggr.

Pollok, der Lauf der Zeit, ein Gedicht in zehn Gesängen, übersetzt von W. Hey. 1 Thlr. 12 Ggr.

Stolberg, der Brüder Christian und Friedrich Leopold, Grafen zu, gesammelte Werke. 20 Theile. 8. mit Abbildungen, Vignetten, Landkarten auf Schreibpapier. 40 Thlr.

Dasselbe ohne Kupfer 15 Thlr.

www.ingramcontent.com/pod-product-compliance
Lightning Source LLC
Chambersburg PA
CBHW030242170426
43202CB00009B/599